CLAUDIA HUBOI

MALWERKSTATT FÜR KINDER

Haupt
GESTALTEN

CLAUDIA HUBOI

Mit lustigen Trickfilmen

MALWERKSTATT FÜR KINDER

malen • zeichnen • präsentieren

Haupt Verlag

INHALT

DEINE SCHATZKARTE*

Was gibts in diesem Buch?
Infos, Tipps und jede Menge Projektideen rund ums Malen & Zeichnen, um Farben & Techniken.

+++ Experimente +++
Jedes Kapitel startet mit bunten Experimenten, um Farben und Techniken auszuprobieren.

Malomat
Auf diesen Seiten erfindest du deine Motive. Mal so, mal so.

*Statt Vorwort.
Noch mehr Schatzkarten gibts auf Seite 86.

Projekte

Aus deinen Experimenten und Motiven werden richtige Werke – zum Präsentieren, Spielen und Geschichtenerzählen.

Kannste-Gucken-Seiten

Motivwelten zum Anschauen – von Tiefsee bis Weltall.

Großes Kino

Über das Buch hinaus kannst du dir allerhand Trickfilme zu Techniken und Projekten anschauen. Die QR-Codes zeigen dir den Weg.

Und jetzt?

Viel Spaß beim Ausprobieren!

WASSERFARBEN

HAARiG & BORSTiG: WASSERFARBEN

- Wasserfarben eignen sich für verschiedene Techniken.
- Je nachdem, wie viel Wasser du verwendest, werden die Farben heller oder dunkler.
- Je mehr du Wasserfarben verdünnst, desto transparenter werden sie.
- Die Farben sind nach dem Trocknen heller als im nassen Zustand.

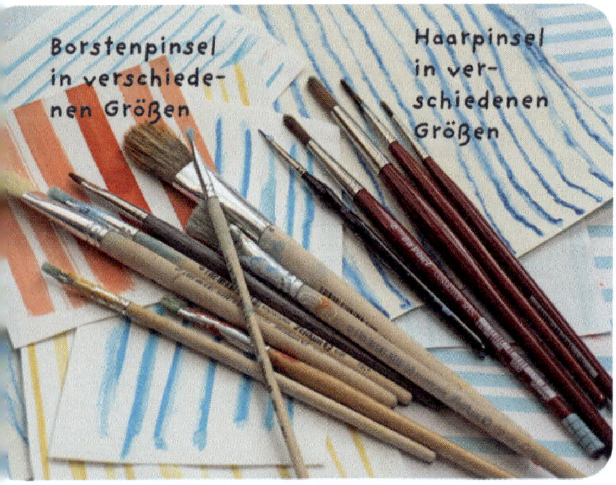

- Du kannst mehrere Farbschichten übereinander auftragen. Das heißt Lasieren. Dabei lässt du jede Schicht trocknen, bevor es weitergeht.
- Wenn nasse Farben aneinanderstoßen, verlaufen sie. Mehr zur Nass-in-Nass-Technik findest du auf Seite 12.

Zum Testen kannst du ...

- ... dicke und dünne Linien ziehen. Teste dafür dicke und dünne Haarpinsel. Bevor du die Farbe wechselst, warte, bis die Striche trocken sind. (1) + (2)
- ... mit einem dickeren Haarpinsel gleichmäßige Flächen füllen. Dafür kann die Farbe etwas flüssiger sein. (3)
- ... probieren, mit Borstenpinsel und eher trockener Farbe zu malen. (4)
- ... den Farbton ändern, indem du ein- und derselben Farbe (hier Rot) mal mehr, mal weniger Wasser zugibst. (5)
- ... den Farbton ändern, indem du mit dem Pinsel erst satt Farbe aufnimmst und dann bis zum Ende ausstreichst. Bei der Spirale siehst du, wie die Farbe von innen nach außen immer heller wird. (6)

#Tipps: Du brauchst ein Glas mit sauberem Wasser und einen Lappen. Die Pinsel nach Gebrauch auswaschen und mit der Pinselspitze nach oben in einen Becher stellen.

+ Experimente +++ Experimente +++ Experimente +++

#Tipp: Für Nass-in-Nass-Techniken (Seite 12) brauchst du dickes Papier, am besten Aquarellpapier.

NASS-IN-NASS-TECHNIK

1

2

3

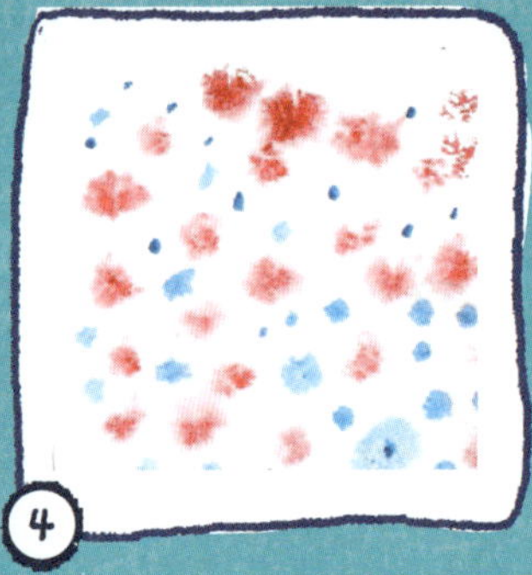

4

5

Wie alles verläuft, siehst du hier.

Bei der Nass-in-Nass-Technik werden die Farben sehr zart und verlaufen, sodass verschwommene Formen entstehen. Dafür feuchtest du ein Aquarellpapier mit einem dicken Pinsel erstmal über die ganze Fläche an. Wenn du Farben nass in nass ineinander ziehst, heißt das **Lavieren**.

Du kannst nun ...

- ... mit ein oder zwei Farben Striche auf dem feuchten Papier ziehen. Beobachte, wie die Farben sich verhalten. (1) + (2)

- ... Punkte setzen. Entweder dicht nebeneinander, dann verläuft alles ineinander, oder mit größem Abstand. (3) – (4)

- ... die Nass-in-Nass-Technik mit einem trockenen Farbauftrag kombinieren: Du lässt Blautöne für Himmel und Meer verschwimmen. Dann wartest du, bis alles trocken ist, und malst mit wenig Wasser auf die weiße Fläche ein kleines Schiff. (5)

MUSTER ERFINDEN

- Nach dem zarten Nass-in-Nass kannst du nun auf trockenem Untergrund Muster mit kräftigen Farben erfinden. Linien, Kreise, Kästchen, Stricheleien, Wellen …

- Verwende nur drei Farben und nutze auch weiße Flächen.

STREIFEN-ROBOS

#Du brauchst: Wasserfarben, Deckweiß, Filzstift in Schwarz, Borstenpinsel

> Mit Borstenpinseln in verschiedenen Breiten kannst du Streifen-Robos aus einfachen Flächen und Linien malen.

1. Zeichne einen Körper aus Linien in einer Farbe. Zwischen den Linien lässt du einen kleinen Abstand.

2. Ergänze Flächen für Kopf und Roboter-Beine.

3. Fülle die Lücken mit Linien in einer zweiten Farbe, füge weitere Roboter-Teile hinzu.

4. Nach dem Trocknen ergänzt du die Details mit Deckweiß und einem schwarzen Filzer.

> Was du mit deiner Roboter-Versammlung anstellen kannst, siehst du auf Seite 16.

*von Luca, 8 Jahre

ROBO-HEFT

#Du brauchst: Streifen-Robos von Seite 14, DIN-A4-Papier, spitze Nadel mit großem Nadelöhr, festes Nähgarn, Schere, Lineal

> Deine Streifen-Robos kannst du in einem kleinen Heft zusammenbinden. So weißt du immer, wo sie stecken.

> Hier siehst du eine einfache Bindung. Solche dünnen Hefte kannst du in Windeseile zusammennähen und für viele deiner Werke verwenden, die in der Malwerkstatt entstehen.

1. Du schneidest drei bis vier gleich große Blätter zu, faltest sie in der Mitte und legst sie ineinander. Das sind deine Heftseiten.

2. Die Seiten legst du an eine Tischkante und stichst drei Löcher, um dein Heft zusammenzunähen. Nach dem Binden kannst du deine Roboter einkleben und dem Heft einen Namen geben.

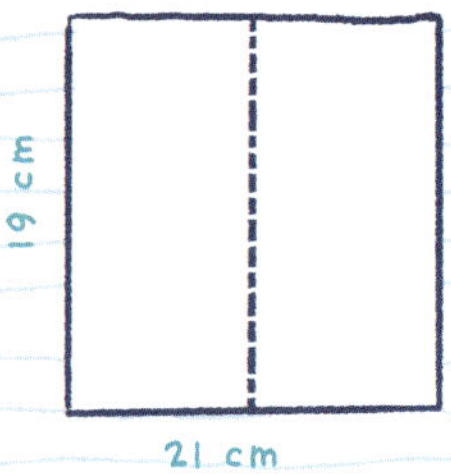

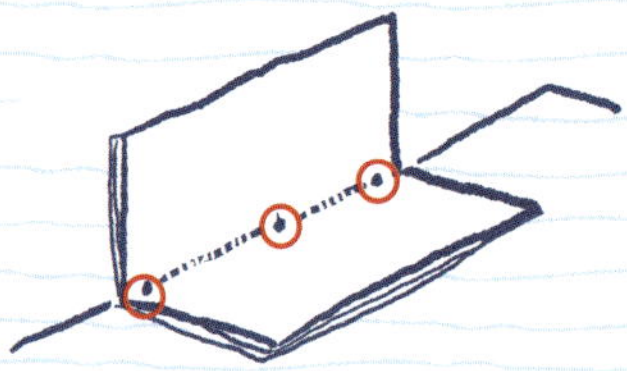

Das Heft binden

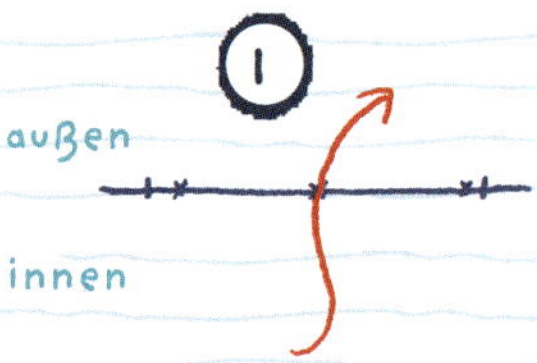

> Der Fadenlauf geht von innen nach außen, von außen nach innen, wieder nach außen und dann erneut nach innen, wo du die Enden der Fäden verknotest.

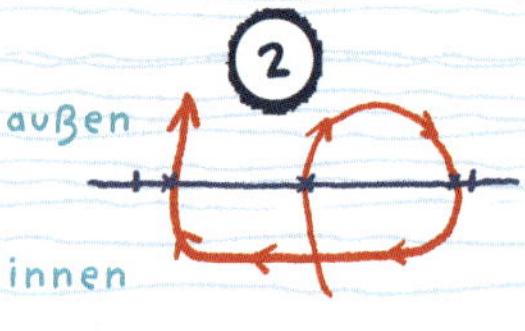

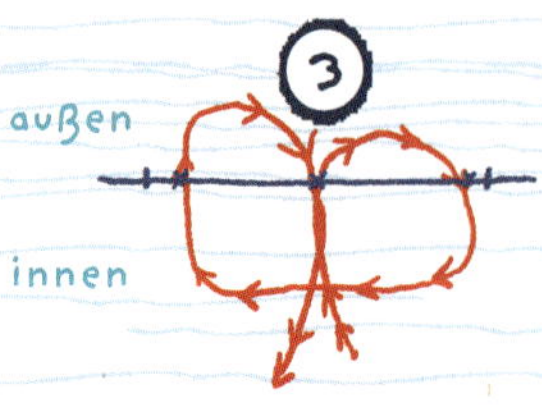

Die Bindung und wie das Robo-Heft von innen aussieht, entdeckst du hier.

STREIFEN-ROBOS

Malomat

KRÖTENEIER & PLANETEN

1. Eine gute Übung, um sich mit Haarpinseln vertraut zu machen, sind Kreise. Gefüllt oder nur als Kringel – und manchmal mit Mustern.

#Tipp: Vor jedem Farbwechsel den Pinsel auswaschen.

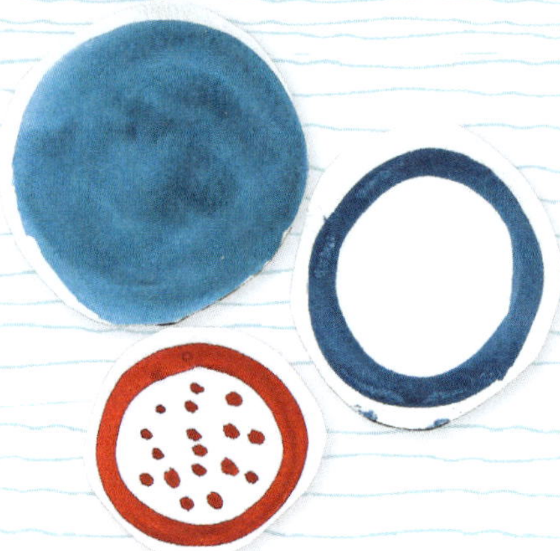

2. Du kannst den Kreis in einem Rutsch zeichnen oder einmal absetzen und nachher nochmal den Rand in einem Schwung durchziehen. Du wirst sehen: Umso öfter du das machst, desto leichter gehts. Versuche, in die eine und auch in die andere Richtung zu kringeln. Mal groß, mal klein.

3. Kreise sind alles, nur nicht langweilig. Je länger du vor dich hin kreiselst, desto mehr Motive entstehen.

ein Verkehrsschild

ein Lolli

Tennisbälle

Räder

Kröteneier (von oben)

Trauben

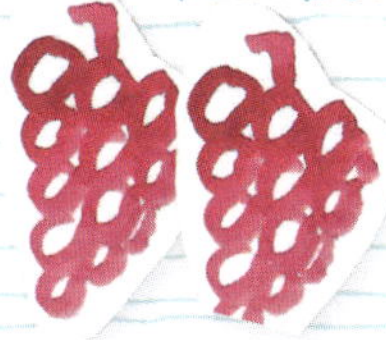

jede Menge Planeten …

> Noch mehr Planeten
gibts auf Seite 20.

ufo
stern
rakete
immer

WELTALL-LEPORELLO

#Du brauchst: Planeten von Seite 19, Wasserfarben, Haarpinsel, DIN-A4-Aquarellpapier, Lineal, Schere, Klebestift

> Wo sich viele Planeten tummeln, ist das Weltall nicht weit: Zeit für dein Weltraum-Leporello zum Auf- und Zuklappen!

1. Schneide aus Aquarellpapier einen Streifen zu. Die Maße siehst du in der Zeichnung.

2. Falze den Streifen an den gestrichelten Linien wie eine Ziehharmonika zusammen. Ein Lineal hilft dir dabei.

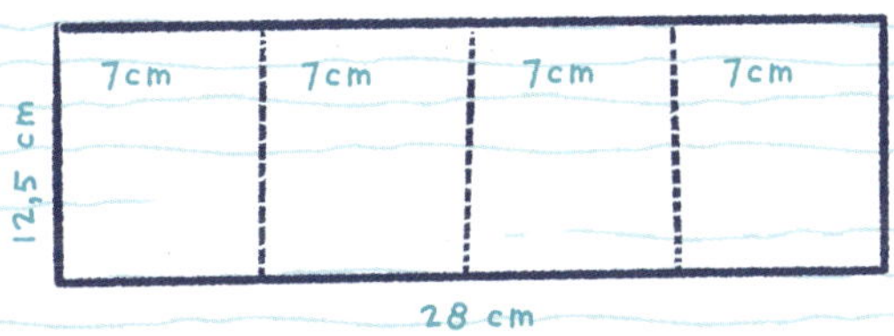

3. Grundiere das Leporello in schönstem Weltall-Blau und lass es trocknen. Verteile anschließend ein paar Planeten auf den Seiten und klebe sie fest.

4. Was schwirrt in deinem Weltall sonst so herum? Raketen? Ufos? Satelliten? Weltraumschrott? Gibt es Sterne? Zeichne alles, was du magst, schneide die Teile aus und klebe sie hinzu.

Wie du das Weltall auf Taschengröße faltest, siehst du hier.

FARBEN MiSCHEN

#Du brauchst: Papier, Pinsel, Wasserfarben, Deckweiß

> Jetzt gibts etwas Farbenlehre, aber nur ganz wenig, versprochen.

> Mit Wasserfarben kannst du ausprobieren, wie gut sich Farben mischen lassen.

> Die drei Grundfarben sind Blau, Rot, Gelb.

> Aus diesen Grundfarben lassen sich die anderen Farben mischen.

> So weit die Theorie. Wenn du das in echt probierst, siehts meistens erstmal ein bisschen schlammig aus.

> Doch das macht nichts, denn jetzt kannst du versuchen, das Ergebnis zu verbessern, indem du das Verhältnis der Grundfarben leicht änderst. Hier wurde der Blau-Anteil erhöht. So robbst du dich langsam an die gewünschte Farbe heran.

> Was passiert, wenn du Varianten der Grundfarben ausprobierst?

> Spannend wird es, wenn du eine Farbreihe abtönst: Schritt für Schritt fügst du einer Farbe immer mehr Deckweiß hinzu. So entstehen Pastelltöne.

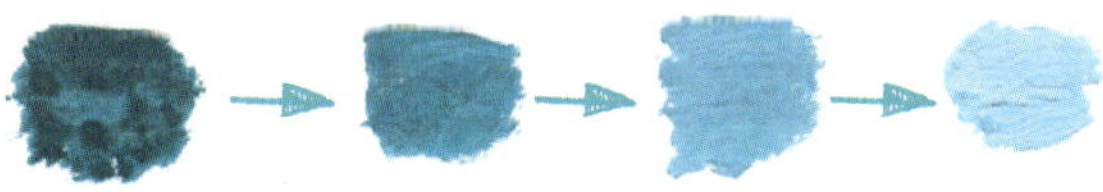

Male deine eigenen Farbpropeller mit Pastellfarben.

Was passiert, wenn Farben ins Rotieren kommen?

WEIß MALEN

#Du brauchst: weißes Papier, Pinsel, Wasserfarben, Deckweiß

> Für Weiß hast du zwei Möglichkeiten: Entweder du malst mit Deckweiß im Nachhinein über die Farben. Oder du überlegst dir von Anfang an, wo Bereiche weiß bleiben sollen, und sparst sie aus.

> Wenn die Farbe trocken ist, kannst du mit Deckweiß darübermalen. Da das Deckweiß feucht ist, löst du dabei die darunterliegende Farbe erneut leicht an.

> Du kannst mehrere Lagen Deckweiß auftragen. Lass es zwischendrin immer wieder trocknen.

> In diesem Fall wurde das Rechteck von Anfang an weiß ausgespart.

> Deckweiß ist fester als Wasserfarbe. Du kannst es auch verdünnen, aber dann wird die Untergrundfarbe stärker angelöst.

> Zum Vergleich siehst du noch einmal die weiße Aussparung.

*von Sarah, 8 Jahre

> Bei den Tapiren oben im Bild wurden die Augen weiß ausgespart. Und rechts siehst du, dass sich auch ganze Motive von Anfang an aussparen lassen. Eine ziemlich elegante Weiß-Lösung.

Weiß kann noch mehr!

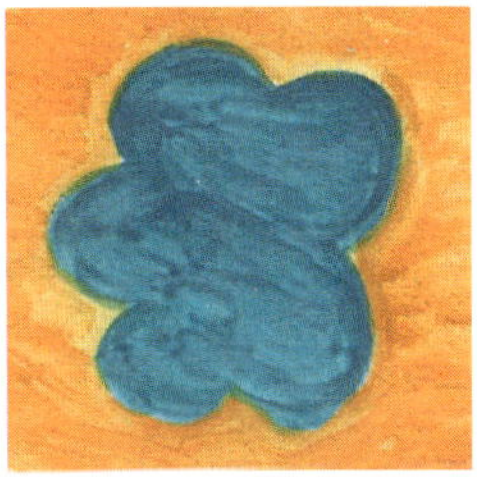

> Bei dieser Blume stoßen beide Farben direkt aneinander.

> Hier siehst du einen weiteren tollen Weiß-Effekt: Durch die weiße Aussparung scheinen beide Farben stärker zu leuchten.

AUSFLUG: ACRYLFARBEN

- Voll deckend: Acrylfarben eignen sich nicht nur für Papier und Pappe, sondern auch für andere Oberflächen, wie beispielsweise Holz oder Stein. Sie sind geschmeidig-cremig und lassen sich direkt verwenden oder auch mit Wasser verdünnen. Du bekommst sie in Gläschen, Tuben oder auch als Stifte.

- Du kannst für sie Borsten- und Haarpinsel verwenden. Wichtig ist nur, dass du die Pinsel nach Verwendung rasch ausspülst, sonst werden sie hart.

- Acrylfarben decken gut und ermöglichen gleichmäßige Flächen. Ebenso wie Wasserfarben kannst du sie miteinander mischen.

- Mit Acrylfarben bemalte Papiere neigen nach dem Trocknen manchmal dazu, miteinander zu verkleben, wenn sie aufeinander liegen. Du kannst sie aber in der Regel vorsichtig wieder voneinander lösen.

- Wegen des Acrylanteils sollten die Farben möglichst wenig ins Abwasser gelangen (Mikroplastik). Deswegen die Pinsel vor dem Auswaschen richtig gut ausstreichen, damit so gut wie keine Farbreste übrig bleiben.

Du kannst...

- ... leuchtende Formen auf Weiß setzen. (1) - (3)
- ... starke Kontraste bilden. (4) - (6)
- ... haufenweise Aliens erfinden. Unbedingt! (7) - (9)

> Wie du deine Aliens mixen kannst, siehst du auf Seite 28.

MIX AND MATCH

#Du brauchst: Wasserfarben oder Acrylfarben, Pinsel, etwas dickeres Papier, Lineal, Bleistift, Klebestift, Papprest, Schere

> Aliens sind immer für Überraschungen gut: Du kannst sie zerlegen und in einem Mix-and-Match-Heft neu zusammensetzen.

1. Als Erstes fertigst du eine Papp-Schablone. So lassen sich deine Aliens nach dem Zerlegen wieder zusammenfügen. Die Maße findest du in der Zeichnung.

2. Die Maße überträgst du mit Bleistift auf drei Papiere. Jedes Papier bekommt links noch einen Kleberand von 1,5 cm. Die Blätter falzt du einmal zum Rand hin und öffnest sie wieder. Die roten Markierungen sind die Übergänge für die Zeichnungen.

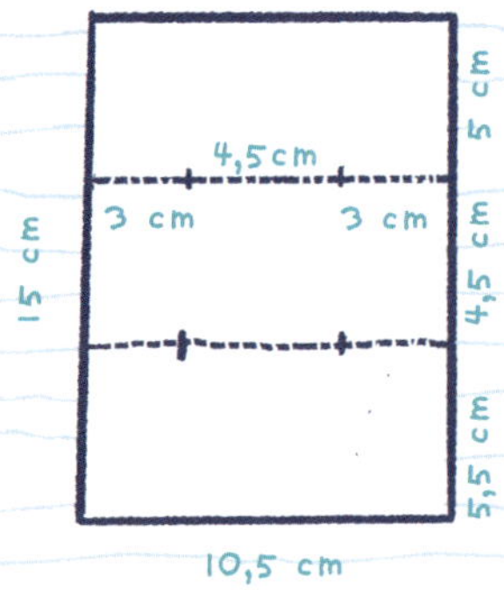

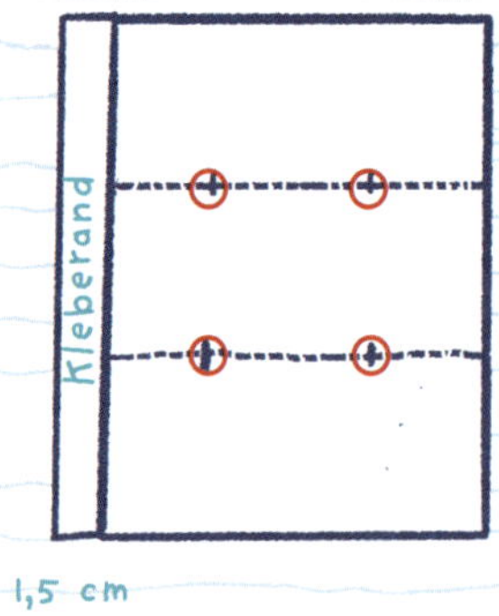

3. Zeichne drei Aliens, achte auf die Übergänge. Nach dem Trocknen schneidest du deine Werke bis zum Kleberand ein.

4. Dann klebst du alle drei Papiere am linken Rand aufeinander.

Hier kannst du mixen und matchen.

KANNSTE-GUCKEN-SEITE

#Hier siehst du, wie unterschiedlich Motive wirken, je nachdem welche Techniken du nutzt und manchmal auch miteinander kombinierst.

- Wasserfarben
- Acrylfarben
- Filzer + Collage
- Buntstifte
- Aquarellstifte
- Bleistift
- Filzstifte
- Drucken
- Tinte + Tusche
- Digital

mit Wasser

EXPEDITION INS ALL

BUNTSTIFTE + AQUARELLSTIFTE

SPITZ & ABGERUNDET: BUNTSTIFTE

Buntstifte haben leuchtende Farben und es gibt sie in vielen Farbtönen. Mit Buntstiften kannst du fein zeichnen oder großzügige Flächen malen. Viel hängt davon ab, wie spitz deine Buntstifte sind, wie schräg du die Mine aufsetzt und wie viel Druck du auf den Stift ausübst. Probier es aus!

Zum Testen kannst du ...

- ... gerade Linien zeichnen. (1)
- ... Linien über Kreuz setzen. (2)
- ... Zackenlinien zeichnen. (3)
- ... Wellen ausprobieren. (4) + (5)
- ... Linien und Häufchen stricheln. (6) + (7)

Außerdem kannst du ...

- ... kringeln. (8) + (9)
- ... kleine und große Flächen ausmalen. (10) + (11)
- ... den Druck verändern, mit dem du zeichnest, und damit die Helligkeit des Farbtons verändern. (12)
- ... Verläufe gestalten – von hell nach dunkel oder von dunkel nach hell. Oder abwechselnd. (13)
- ... verschiedene Farben übereinander setzen und dabei mischen. (14)

+ Experimente +++ Experimente +++ Experimente +++

Malomat

DER KRINGEL-KNUBBEL-TRICK

1. Kennst du das? Du möchtest etwas zeichnen, weißt aber noch nicht genau was. Da hilft es, in einer Farbe planlos vor dich hinzukringeln. Die Ideen kommen dann von alleine.

2. Wenn du lieber mit rechts zeichnest, kannst du auch mal mit der linken Hand kringeln. Oder umgekehrt. Natürlich kannst du zwei Farben übereinander kringeln.

3. Wie wärs jetzt mit drei oder vier Farben?

4. Rasch stapelt sich vor dir ein prächtiger Kringel-Knubbel-Haufen.

5. Und aus Kringel-Knubbeln entstehen schon mal …

Blumen

Wüstenbälle

ein Wuschel-Schaf

ein Pluster-Vogel

oder ein mächtiges Sturmfrisürchen

MUSTER & STRUKTUREN: FROTTAGE

#Übrigens: Frottage funktioniert auch mit Wachsmalern.

Bei der Frottage-Technik überträgst du das Muster des Untergrunds auf dein Papier. Buntstifte sind dafür ideal: Du legst ein dünnes Papier auf einen harten Gegenstand mit einer fühlbaren Struktur, zum Beispiel auf ein Stück Holz oder eine Münze. Dann hältst du den Buntstift leicht schräg und fährst immer hin und her – wie von Zauberhand überträgt sich das Muster auf das Papier.

Testen kannst du zum Beispiel ...

- ... eine Küchenreibe. (1)
- ... ein altes Lochblech. (2)
- ... ein Stück Gummimatte. (3)
- ... eine alte Wärmflasche. (4)
- ... ein Stück Pappverpackung. (5)

Du kannst auch ...

- ... Streifen untereinander setzen. (6)
- ... Farben kombinieren. (7)
- ... Drahtformen wie beispielsweise Büroklammern durchrubbeln. (8) + (9)
- ... Gummibänder testen (10)
- ... oder im Nähkästchen stöbern: auf diesen Teilen war Garn aufgewickelt. (11) + (12)

+Experimente+++Experimente+++Experimente+++

KULISSENSTADT

#Du brauchst: ein paar Papiere mit Frottage-Mustern (Seite 38), Pappreste, Schere, Klebestift

> Stell dir vor, du baust eine Papierkulisse: Wie sehen deine Häuser aus? Sind sie groß, klein, eckig, rund?

> Mit einem kurzen Pappstreifen kannst du die Häuser aufstellen. Und so wird aus deinem zweidimensionalen Frottage-Papier eine räumliche 3-D-Kulisse. Wie beim Film oder Theater.

1. Breite deine Pappreste und Frottage-Papiere vor dir aus.

2. Dann schneidest du aus den Pappen Häuser und Dächer aus ...

3. ... und klebst die Teile auf die Rückseite der Frottage-Papiere.

4. An den Pappkanten entlang kannst du die Häuserteile bequem ausschneiden und zusammenkleben.

5. Nun faltest du einen kurzen Pappstreifen in der Mitte, ...

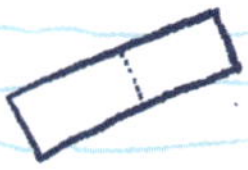

6. ... sodass ein Winkel entsteht. Den klebst du von hinten als Stütze an deine Häuser.

TROCKEN & NASS: AQUARELLSTIFTE

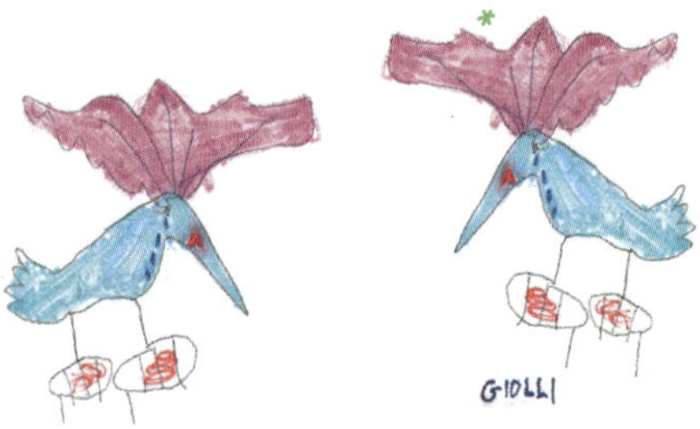

*Wasservogel von Senuli, 7 Jahre

› Aquarellstifte können allerhand: Du zeichnest mit ihnen trocken wie mit Buntstiften. Und du verwendest sie wie Aquarellfarben, du brauchst nur etwas Wasser, einen Pinsel und dickes (Aquarell-) Papier, damit sich nichts wellt.

Zum Testen kannst du…

- … trocken auf Papier zeichnen. (1)
- … erst trocken zeichnen, dann mit einem feuchten Pinsel drübermalen. Das Ergebnis erinnert an Wasserfarben. (2)
- … einen Wasserklecks aufs Papier geben und dann hineinmalen … (3)
- … und die verdünnte Farbe mit dem Stift nach außen ziehen. (4)
- … in nasse Flächen Linien ziehen oder Pünktchen tupfen. (5) + (6)
- … flächig malen. (7)
- … Farben ineinander ziehen. (8)

Außerdem kannst du …

- … die Mine erst in einem Wasserglas anfeuchten und dann auf trockenes Papier zeichnen. (9) + (10)
- … schauen, wie unterschiedlich die Farben mit und ohne Wasser aussehen. (11)

#Tipp: Die Minen von Aquarellstiften sind weicher als von Buntstiften. Ein scharfer Spitzer hilft, wenn die Minen abgestumpft sind.

Den Wassertrick kannst du auch hier sehen.

+ Experimente +++ Experimente +++ Experimente +++

1

2

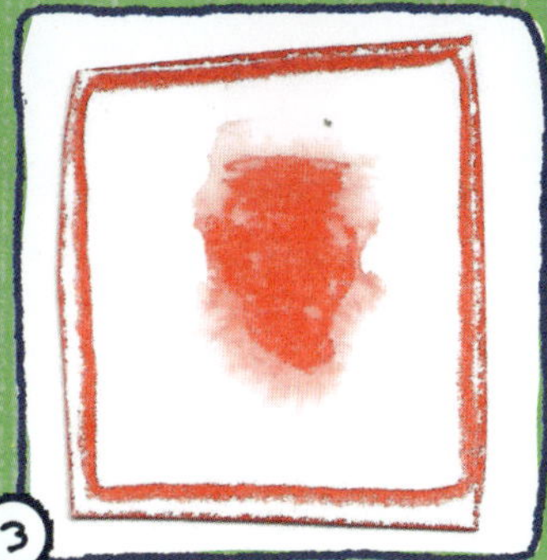
3

4

5

6

7

8

9

10

11

PS: Aquarellstifte erkennst du meistens an dem eingeprägten Pinsel.

KÄFERKUNDE

#Du brauchst: dickeres Papier, Aquarellstifte, Pinsel, Wasserglas, Schere

> Deine Aquarellstift-Experimente kannst du direkt in Käferkunde umwandeln: Zeichne Käferkörper mit bunten Mustern. Teste, wie sie aussehen, wenn du vorher oder nachher Wasser hinzugibst.

1. Ergänze die bunten Käferkörper jeweils mit sechs Käferbeinen.

2. Lass die Farben trocknen und schneide die Käfer aus. Zum Aufstellen kannst du den Körper einmal längs falten und auch den Beinen ein bis zwei Knicke verpassen.

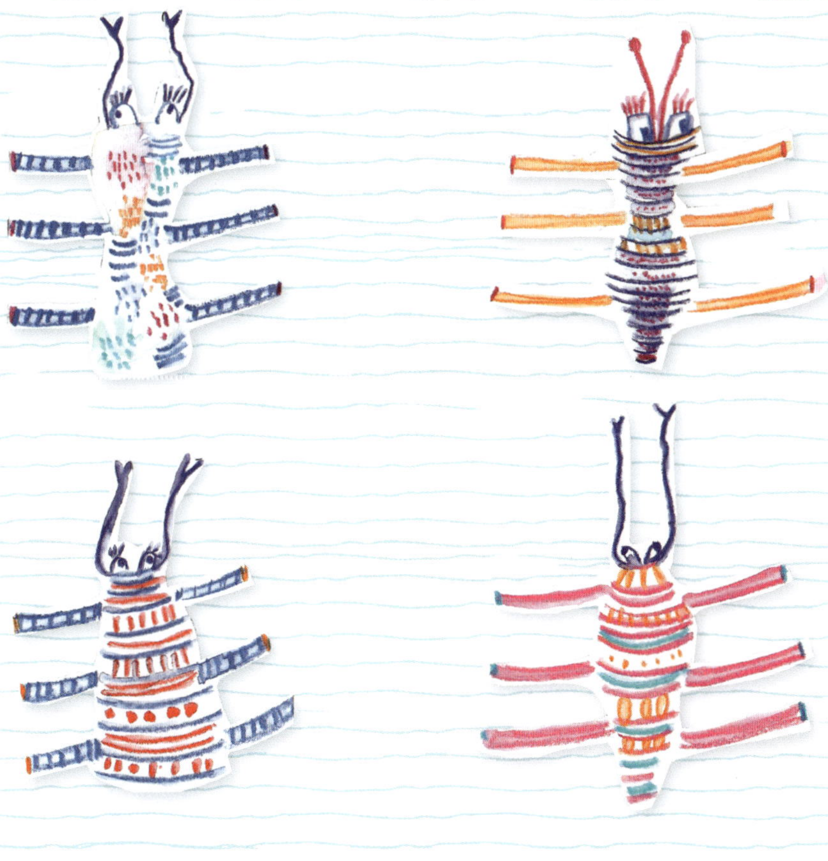

#Mit der Kulissenstütze von Seite 40 können deine Federviecher stehen.

VOGEL-LAUNEN

#Du brauchst: Aquarellstifte, Aquarellpapier, Schere, Klebestift, Pinsel, Wasser, Fineliner in Schwarz

- Mit Aquarellstiften kannst du bequem und rasch zeichnen – und gleichzeitig schöne Aquarell-Effekte erzielen.
- Das sind ideale Voraussetzungen, um auszuprobieren, wie du einer einfachen Figur ihren Charakter und unterschiedliche Gefühle verleihen kannst.

1. Zeichne eine einfache Figur, zum Beispiel ein Federvieh. Du zeichnest erstmal nur die Konturen. Dann ziehst du mit einem feuchten Pinsel die Linien nach, um die Farbe leicht zu verwischen. Für das Auge kannst du einen Fineliner verwenden.

2. Versuche, deine Figur immer wieder neu zu zeichnen und dabei ein bis zwei Details zu verändern. Dadurch veränderst du auch ihren Ausdruck. Hier schaut der Vogel nach oben, als würde er sich etwas fragen.

3. Mit gerundetem Rücken scheint er müde und leicht niedergeschlagen.

4. Sobald das Federvieh aber seine Flügel spreizt und die Beine bewegt, kommt es wieder frisch-fröhlich daher.

#Was passiert, wenn du den Schnabel veränderst?

KANNSTE-GUCKEN-SEITE

- Wasserfarben
- Acrylfarben
- Filzer + Collage
- Buntstifte
- Aquarellstifte
- Bleistift
- Filzstifte
- Wachsmaler + Ölpastell
- Tinte + Tusche

mit Wasser

FEDERVIEH

#Hier siehst du, wie unterschiedlich Motive wirken, je nachdem welche Techniken du nutzt und manchmal auch miteinander kombinierst.

BLEISTIFT + TINTE + TUSCHE

GERADE & ÜBER KREUZ: DER BLEISTIFT

- Trotz ihres Namens haben Bleistifte nichts mit Blei am Hut, sondern bestehen vor allem aus Graffit. Ein Bleistift ist superpraktisch, du kannst mit ihm skizzieren, zeichnen und, wenn du magst, Striche wieder wegradieren.

- Bleistifte gibts mit unterschiedlich harten und weichen Minen. Harte Bleistifte erkennst du am Buchstaben H. Je höher die Ziffer, desto härter der Bleistift. Ein 3H-Bleistift ist also härter als ein 2H-Bleistift. Weiche Bleistifte erkennst du am Buchstaben B und auch hier gilt: Je höher die Ziffer, desto weicher die Mine. Und außerdem gibts den goldenen Mittelweg zwischen hart und weich, das ist der Bleistift HB.

- Probierst du unterschiedliche Bleistifte aus, merkst du: Mit harten Minen wird der Strich dünn und hell. Weiche Bleistifte sind dunkler, ihre Mine stumpft sich beim Zeichnen rasch ab, der Strich wird breiter und verwischt leichter.

Zum Testen kannst du …

- … erstmal verschiedene Bleistifte ausprobieren und dabei die Mine gerader oder etwas schräger aufsetzen. Je nachdem ändert sich der Strich. (1) + (2)
- … gerade und kringelige Linien ziehen. (3) + (4)
- … vor dich hinstricheln und dabei kleine Haufen bilden. (5)
- … mit weichen Bleistiften schöne Flächen malen und dabei weiße Formen aussparen. (6)
- … schräge, feine Linien dicht an dicht setzen, mal in die eine, mal in die andere Richtung. Das nennt man schraffieren. Mit Schraffuren kannst du Bereiche abdunkeln, um zum Beispiel Schatten zu zeichnen. (7)
- … Linien kreuz und quer übereinanderlegen. Das ist die Kreuzschraffur. (8)
- … einen Verlauf gestalten, indem du mit unterschiedlich starkem Druck Linien zeichnest. Von hell nach dunkel. (9)
- … Linien wirbeln lassen, bis Formen entstehen. (10)
- … mal versuchen, räumlich zu zeichnen, und den Körper mit Linien erfassen. (11) + (12)

+ Experimente +++ Experimente +++ Experimente +++

1

2

3

4

5

6

7

8

9

10

11

12

Mit Piktogrammen von Emily und Beizha, 10 Jahre

Du bist dran mit Raten:
Was könnten die Zeichen auf
dieser Seite bedeuten?

OHNE WORTE: PIKTOGRAMME

#Du brauchst: einen weichen Bleistift, Papier, Radiergummi

> Piktogramme sind einfache Zeichen, die eine Sache oder eine Tätigkeit symbolisieren. Welche Piktogramme kannst du in deinem Umfeld entdecken? Zum Beispiel an Türen, an der Bushaltestelle, im Internet, in Zeitschriften, auf Plakaten, in diesem Buch?

1. Zeichne erst einmal jede Menge kleine, leere Kästchen. Denn es macht großen Spaß, haufenweise Piktogramme zu erfinden und andere raten zu lassen, was sie wohl bedeuten. Zum Beispiel ...

2. Du kannst auch weiße Piktogramme zeichnen, indem du erst die Kontur anlegst und dann das Umfeld mit Bleistift füllst.

KRATZEN & FLIEẞEN: TINTE & TUSCHE

Tinte oder Tusche? Tinte kennst du von deinem Füller, der mit Tintenpatronen gefüllt wird. Tinte gibts aber genau wie Tusche auch in kleinen Fässern. Doch was ist da der Unterschied? Beide sind flüssig, du findest sie in verschiedenen Farben und kannst mit ihnen schreiben, klecksen, zeichnen. Der Hauptunterschied ist: Tinte verläuft bei Kontakt mit Wasser, Tusche deutlich weniger. Sie ist zwar nicht 100 % wasserfest, aber ziemlich wasserbeständig.

> Federn sind vielleicht neu für dich: Du tauchst sie in Tinte oder Tusche und dann kannst du mit ihnen zeichnen und schreiben. Am Anfang fühlt sich das meistens noch etwas ungemütlich an. Denn sind die Federn neu und noch nicht auf deine Hand eingeschrieben, kratzen sie erst mal über das Papier. Doch je länger du sie testest, desto geschmeidiger wird die Feder. Und dann merkst du, wie schön es ist, mit ihr zu zeichnen oder zu schreiben. Es gibt dünne und breite Federn und manche haben eine schräge Kante. Das sind Kalligrafiefedern, also fürs Schönschreiben.

Mit Füller oder Feder kannst du…

- … schreiben. (1)
- … zeichnen. (2)
- … klecksen. (3) + (4)
- … Linien ziehen. Gerade oder geschwungen. (5) + (6)

#Tipp: Wenn du eine Feder benutzt, beginne erst mal mit geraden Strichen und Linien, übe unterschiedlichen Druck aus und beobachte, was passiert. Danach kannst du Wellen und Bögen ausprobieren. Und dann kannst du anfangen, mit der Feder auch zu zeichnen (Seite 59).

+ Experimente +++ Experimente +++ Experimente +++

1

2

3

4

5

6

LINIENTIERE

#Du brauchst: Papier, Füller

> Mit deinem Füller schreibst du bestimmt oft. Aber hast du schon mit ihm gezeichnet? Du kannst zum Beispiel Linientiere zeichnen, nur den Umriss, ohne abzusetzen. Dabei entstehen lustige Viecher.

1. Zum Aufwärmen kringelst du mit Füller erst einmal ein paar Spiralen. Mal langsam, mal schneller, mal in die eine, mal in die andere Richtung.

2. Dann stellst du dir eine Tierform vor, zumindest so ungefähr: Wie viele Beine, welche Kopfform, gibt es Flügel?

3. Jetzt versuchst du, das Tier aus einer Linie zu zeichnen, ohne abzusetzen. Zügig in einem Rutsch, aber keine Hektik!

4. Nur die Augen zeichnest du zum Schluss nachträglich ein.

AUGENTIERE

#Du brauchst: Feder, Tusche oder Tinte

> Um mit deiner Zeichenfeder warm zu werden, kannst du komische Augentiere erfinden. Auch hier zeichnest du nur die Umrisse.

1. Der Startpunkt ist immer ein gezeichnetes Auge. Probiere verschiedene Formen aus: rund, oval, geschwungen. Wo sitzt die Pupille, oben, unten oder im Augenwinkel?

2. Du wirst sehen, je länger du deine Zeichnungen anschaust, desto mehr Augentiere entstehen ... Fisch, Vogel, Igel, Maus? Was siehst du? Entwerfe kleine Serien mit ulkigen Augentieren.

Hier gibts Federübungen für Federfreuden.

Malomat

BUCHSTABEN-ALLERLEi

1. Buchstaben können viel mehr, als nur A oder B zu sagen. Denn schaust du sie länger an, bekommen sie ihren eigenen Charakter.

Ein ganz normales A.

Mal hat es gute Laune...

...und mal schlechte.

2. Probiers aus: Zeichne mit Tusche oder Tinte große Buchstaben: mal dick, mal dünn, mal rund, mal eckig, mal geschwungen.

Ein recht strenges U.

Hier kommts beschwingt daher,...

...hier extra-rund...

...und hier mächtig eckig.

>Was du mit deinem Buchstaben-Allerlei machen kannst, siehst du auf Seite 62.

Ein ziemlich dünnes B.

Oft ist es wohlig-rund...

...oder hat einen extra dicken Bauch.

3. Wenn du dies und das dazuzeichnest, werden deine Buchstaben richtig lebendig – samt Augen, Füßen, Hut und allem, was dir einfällt.

Ein vornehmes A und ein königliches B beim Spazieren.

Ein U beim Staunen und Hüpfen.

Rasch entsteht ein großes Buchstabengewusel.

BUCHSTABEN-MEMO-SPiEL

#Du brauchst: etwas Buchstaben-Allerlei von Seite 60, Pappreste, Schere, Kleber, Lineal, Feder und Tusche, Füller

> Aus deinen Buchstaben-Figuren kannst du ein Memo-Spiel basteln. Denn wie du gemerkt hast, können Buchstaben sehr unterschiedlich aussehen, obwohl sie immer noch dieselben sind.

1. Aus Pappresten schneidest du gleich große Quadrate zu. Dabei kannst du ein Pappquadrat als Schablone verwenden. Die Pappen sollten alle die gleiche Farbe haben.

2. Dann sortierst du deine Buchstabenfiguren. Für jeden Buchstaben brauchst du zwei Stück, also zweimal A, zweimal B und so weiter.

3. Zum Schluss klebst du die Figuren auf die Pappen. Fertig ist dein Buchstaben-Memo-Spiel.

Buchstaben können auch laufen. Wetten?

AUF EINEN BLICK: MINDMAPS

#Du brauchst: Papier, Bleistift, Füller, Feder und Tusche, Kleber, Schere

> Mit Mind-Maps kannst du interessante Infos ordnen und veranschaulichen. Besonders lustig ist, wenn du versuchst, so weit wie möglich auf Worte zu verzichten und das Meiste in Bildern auszudrücken.

1. Hier siehst du eine klassische Mindmap zum Thema Kamele. In die Mitte kommt das Thema, drumherum verteilst du ein paar Infos*, die sich immer weiter aufzweigen.

*rein zufällige Kamel-Info-Auswahl

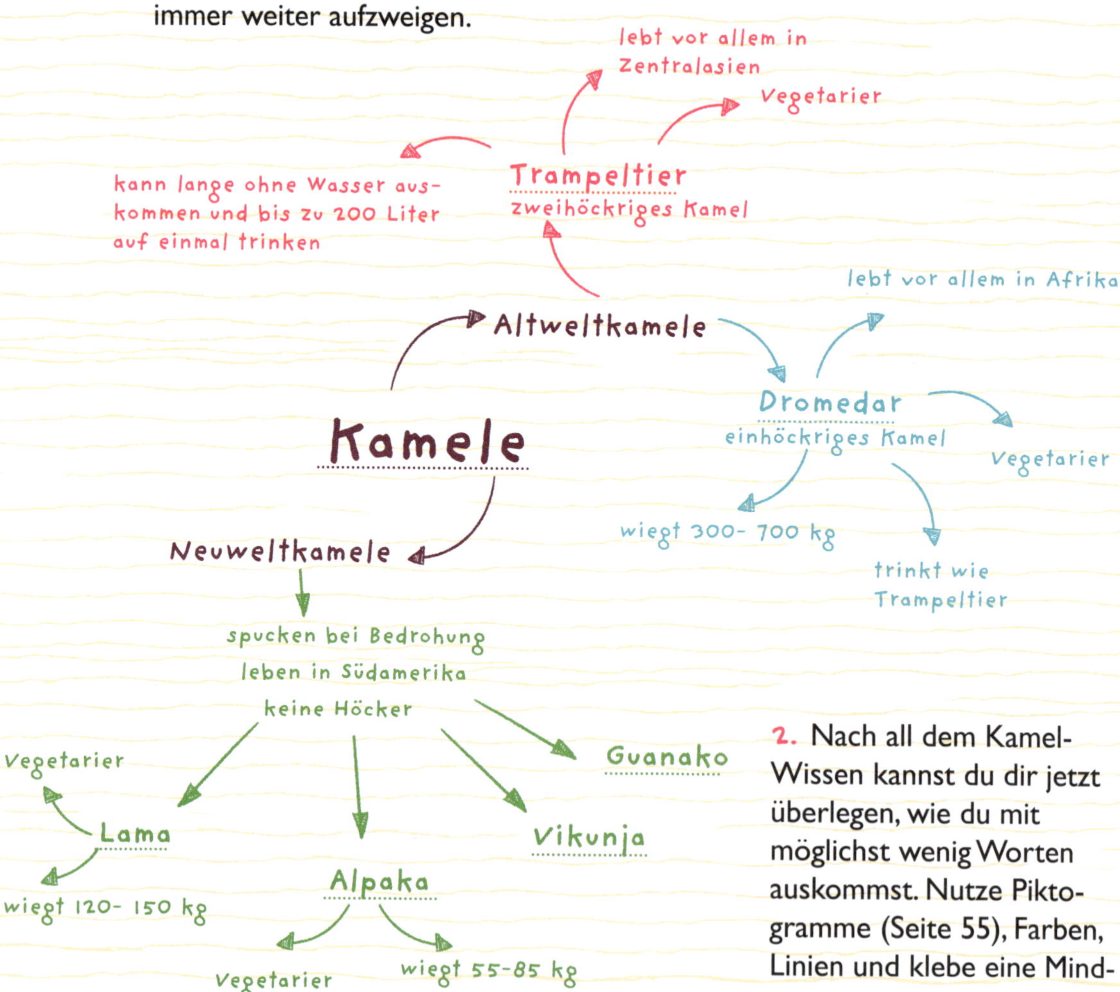

2. Nach all dem Kamel-Wissen kannst du dir jetzt überlegen, wie du mit möglichst wenig Worten auskommst. Nutze Piktogramme (Seite 55), Farben, Linien und klebe eine Mindmap zusammen.

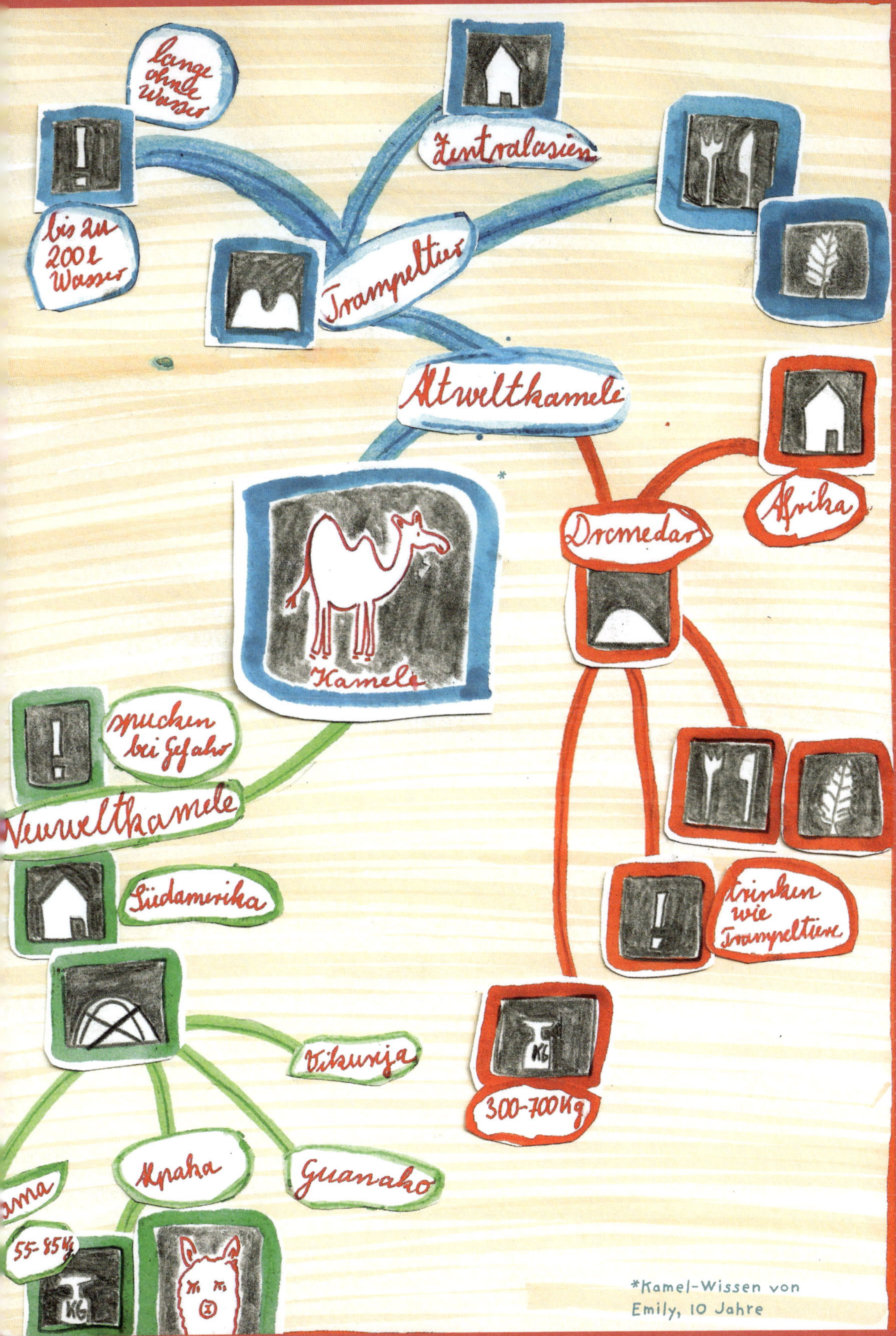

*Kamel-Wissen von Emily, 10 Jahre

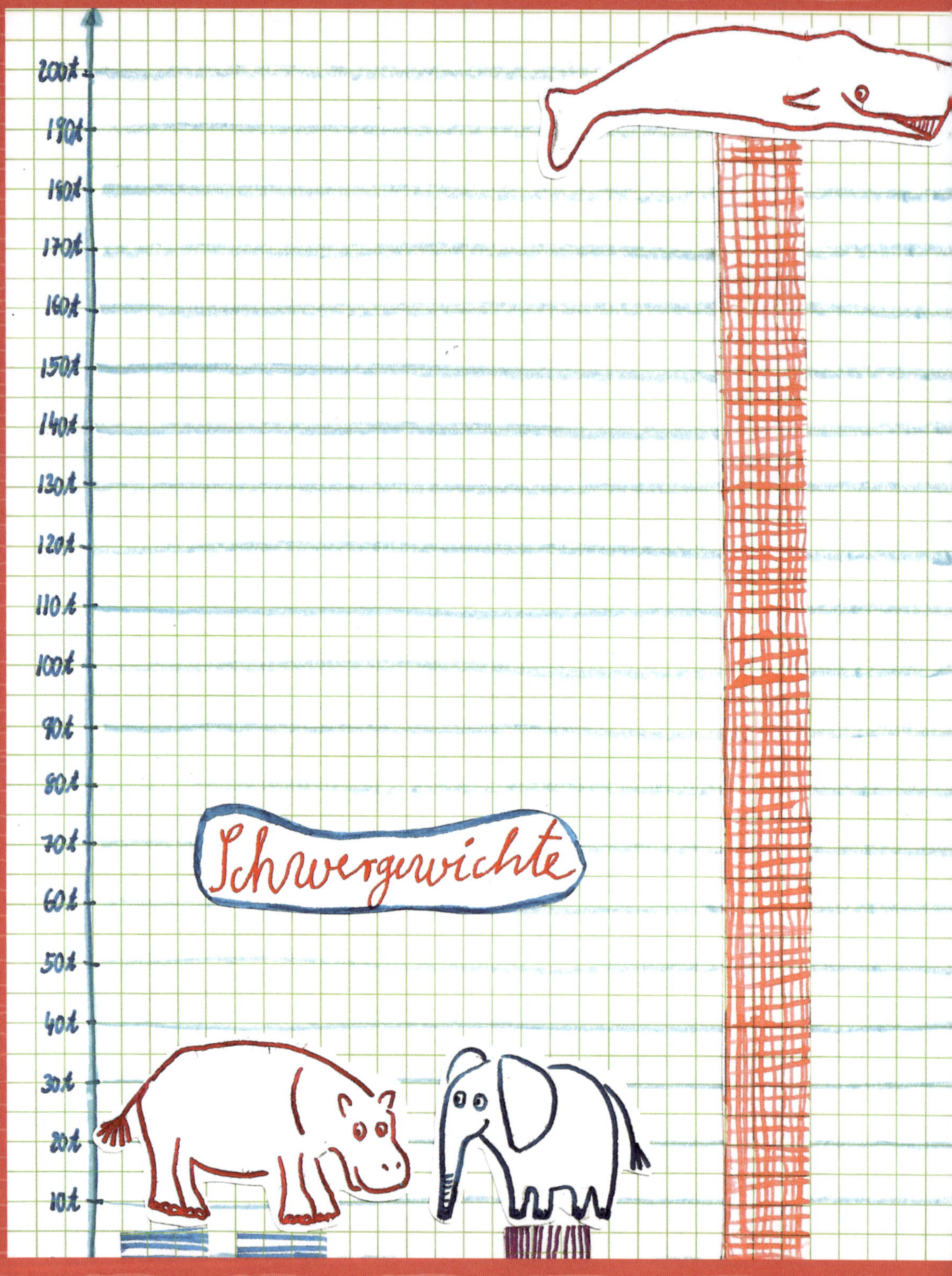
200t
190t
180t
170t
160t
150t
140t
130t
120t
110t
100t
90t
80t
70t
60t
50t
40t
30t
20t
10t
Schwergewichte

LUSTIGE INFOGRAFIKEN

#Du brauchst: (Karo-)Papier, Füller, Feder und Tusche, Kleber, Lineal, Schere

> Interessante Infos kannst du in anschaulichen Diagrammen sammeln. Und dass sogenannte Infografiken trotz ihres spröden Namens gar nicht langweilig sein müssen, siehst du hier.

1. Als Beispiel: Hast du dich auch schon mal gefragt, was die schwersten Tiere der Welt sind?

- Blauwal: bis zu 190 Tonnen
- Walhai: bis zu 20 Tonnen
- Elefant: bis zu 6 Tonnen
- Flusspferd: bis zu 5 Tonnen

2. Wähle jetzt drei Schwergewichte aus, zum Beispiel alle Säugetiere. Damit fällt der Walhai raus. Zeichne diese Tiere mit Füller oder Feder und schneide sie aus.

3. Um ihr Gewicht anschaulich zu vergleichen, kannst du ein Säulendiagramm zeichnen. Dafür brauchst du erst einmal eine Art Raster mit den Tonnenangaben*. Zum Beispiel so.

*geht gut mit Karo-Papier

4. Dann zeichnest du Säulen in der entsprechenden Höhe, klebst sie in das Diagramm und klebst ihnen zum Schluss das dazugehörige Tier auf den Kopf.

KANNSTE-GUCKEN-SEITE

- Wasserfarben
- Buntstifte
- Filzstifte
- Digital
- Acrylfarben
- Aquarellstifte
- Drucken
- Bleistift
- Tinte + Tusche
- mit Wasser

TECHNIK-SPASS

#Hier siehst du, wie unterschiedlich Motive wirken, je nachdem welche Techniken du nutzt und manchmal auch miteinander kombinierst.

DRUCKEN

AUSGESCHNITTEN: MOOSGUMMIDRUCK

- Aus dünnem Moosgummi kannst du mit einer kleinen Schere viele Formen und Motive zuschneiden.
- Die Moosgummiteile klebst du anschließend auf passende Pappreste – das sind deine Stempel.

- Zum Testen kannst du ...
  - ... einfache Formen zuschneiden. (1)
  - ... mit dem Locher Kreise ausstanzen. (2)
  - ... feine Teile ausschneiden ... (3)
  - ... und noch feinere Motive gestalten. (4) + (5)
  - ... nur die Konturen stehen lassen ... (6)
  - ... und Formen ineinander kleben. (7)
- Außerdem kannst du ...
  - ... Mini-Moosgummi-Schnipsel zu Mustern kleben. (8) + (9)
  - ... mit einem spitzen Bleistift Linien ins Moosgummi ritzen. (10)
  - ... oder ganze Tiere zeichnen. Die eingeritzten Linien bleiben nach dem Abstempeln weiß, während die Fläche ringsum farbig wird. (11)

#Tipp: Moosgummiformen kannst du mit Stempelkissen oder Bastelfarben abdrucken. Mit Stempelkissen werden die Linien feiner, mit Bastelfarben werden die Abdrucke farbiger und etwas gröber.

+ Experimente +++ Experimente +++ Experimente +++

In so einem Fall am besten die eingeritzten Linien vor dem Abdrucken noch einmal nachzeichnen.

*von Senuli, 7 Jahre

ganzer Fisch
halbe Fische
Flossen
Fisch-Verzierung

FISCH-PUZZLE

Malomat

#Du brauchst: Moosgummi, Pappreste, Stempelfarbe, Schere, Bleistift, Papier, Kleber

1. Aus Moosgummi schneidest du einen **Fisch** aus.

2. Mit einem spitzen Bleistift kannst du **Linien** und ein **Auge** in den Fisch ritzen.

3. Das Moosgummi-Teil klebst du auf ein **Pappstück**.

4. Auf die Rückseite klebst du einen **Abdruck**. Dann weißt du immer, wie dein Stempel aussieht.

5. So kannst du ein echtes **Stempel-Puzzle** vorbereiten: ganze Fische, halbe Fische, Fischflossen und allerhand Verzierungen.

#Tipp: Für schön klare Farben bleibst du mit deinen Stempeln immer bei einem Stempelkissen. Rot zu Rot, Blau zu Blau, Pink zu Pink …

>Auf der nächsten Seite gehts weiter.

Malomat

6. Hast du ausreichend Stempel-Teile beisammen? Dann kommt jetzt das Schönste: Puzzle bunte Fische Stück für Stück zusammen. Mal so, mal so.

Tipp: Mit einem feinen Stift kannst du Fischpupillen ergänzen.

Großes Fischkino gibts hier.

#Tipp: Je nach Winkel der Stempel-Teile schwimmen deine Fische geradeaus, nach unten oder nach oben.

SCHABLONENDRUCK

#Du brauchst: (festes) Papier oder Tonkarton, Schere, Bleistift, Bastelfarben, Schwammstücke (normaler Haushaltsschwamm), evtl. Malerkreppband, Locher, Stanzen

> Die goldene Regel des Schablonendrucks ist einfach:
> Alles, was du ausschneidest, wird später farbig.
> Alles, was du nicht ausschneidest, bleibt weiß.

1. Auf ein Papier zeichnest du dein Motiv. Das Motiv schneidest du so aus, dass der Papierrahmen ganz bleibt. Du kannst mit der Schere erst in die Mitte piksen und dann zum Rand hin schneiden.

2. Mit dem Schwammstück nimmst du etwas Farbe auf, stupfst sie einmal auf Schmierpapier ab und tupfst dann die Schablone aus. Ist sie ganz gefüllt, kannst du die Schablone vorsichtig abziehen.

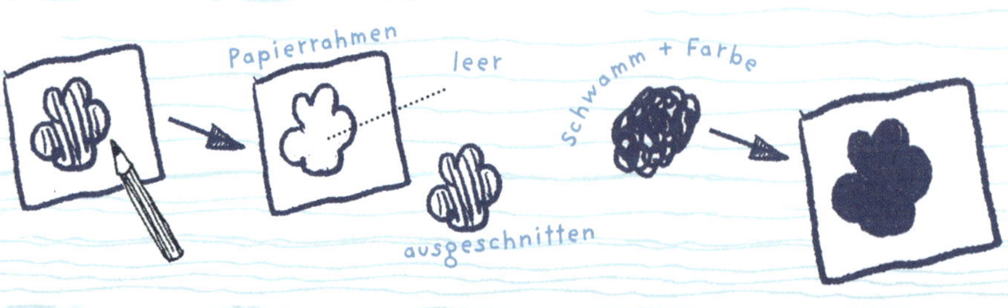

+Experimente+++Experimente+++Experimente+++

>Du kannst einfache Formen ausschneiden (Blume) oder ausstanzen (Kreis). (1) + (2)

>Du kannst einfache Scherenschnitte als Schablone vorbereiten: Dafür faltest du ein quadratisches Papier zweimal und schneidest in die geschlossenen Kanten Zacken oder Rundungen. Dann faltest du die Schablone wieder auf. (3)

>Du kannst mit gerissenem Malerkreppband Streifen oder Stückchen aufkleben, die ganze Fläche farbig ausstupfen und nach dem Trocknen das Kreppband wieder abziehen. (4)

>Für verschiedenfarbige Motive druckst du erst eine Farbe und lässt sie trocknen. Dann legst du eine andere Schablone darüber und druckst in einer zweiten Farbe. Oder du druckst die gleiche Schablone versetzt bzw. spiegelverkehrt übereinander. (5)+(6)

1

2

3

4

5

6

RÜCKWÄRTS DENKEN: SCHABLONEN-ViEH

➤ Bis jetzt hast du Motive gedruckt, indem du den Schablonenausschnitt mit Farbe gefüllt hast. Das heißt **Positivdruck**. Du kannst aber auch **negativ-weiße Motive** gestalten und mit einer **zweiten Farbe** ergänzen.

1. Zeichne dein Motiv auf Tonkarton und schneide die Figur so aus, dass sie ganz bleibt. Das ist deine Negativ-Schablone.

2. Jetzt legst du deine Schablone auf ein Papier und stupfst drumherum mit Schwämmchen und Farbe den Umriss nach.

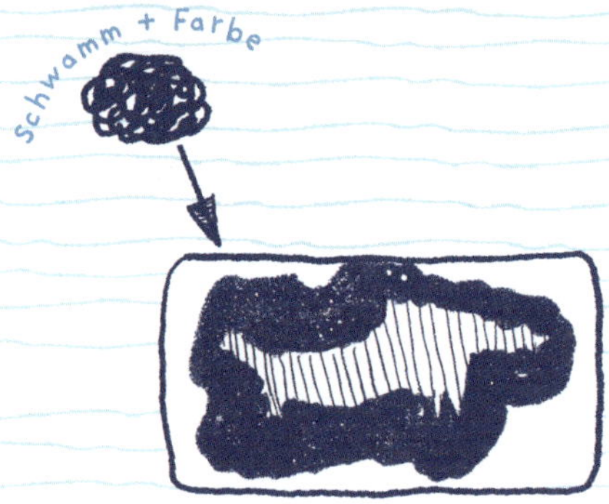

3. Wenn du die Schablone vorsichtig abhebst, erscheint vor dir das Motiv in Weiß.

4. Zufrieden? Dann kannst du das Motiv gleich mehrfach hintereinander drucken.

#Tipp: Nimmst du festes Papier oder dünnen Tonkarton, kannst du die Schablone mehrfach verwenden.

5. Hast du ausreichend weißes Schablonen-Vieh gesammelt? Dann kannst du mit der zweiten Farbe drucken: Überlege dir, welche Bereiche farbig werden sollen, zum Beispiel Schnauze, Beine, Schwanz und Ohren. Diese Bereiche reißt du von der Schablone vorsichtig ab und behältst nur die entstandene Restschablone.

#Tipp: Als Palette für die Bastelfarbe kannst du Pappreste oder einen ausrangierten Teller nehmen.

6. Wenn die erste Farbe trocken ist, platzierst du die Restschablone passend im weißen Motiv und stupfst vorsichtig Nase, Beine, Schwanz und Ohren mit der zweiten Farbe aus. Hebst du jetzt die Restschablone ab, siehst du das fertige Motiv vor dir. Mit Bleistift oder Fineliner kannst du Augen und Details ergänzen.

WUNSCHKONZERT

#Du brauchst: etwas Schablonen-Vieh von Seite 80, Tonkarton, Schere, Kleber, Stifte, Lineal

- Stell dir vor, dein Schablonen-Vieh hätte Superkräfte und könnte Wünsche erfüllen.
- Welche Sprüche passen zu deinen Schablonen-Drucken? Du kannst sie aufschreiben und anderen Menschen allerbeste Klapp-Wünsche schenken.

1. Schneide Rechtecke aus Tonkarton zu. Die Größe ergibt sich aus der Größe deiner Schablonen-Drucke.

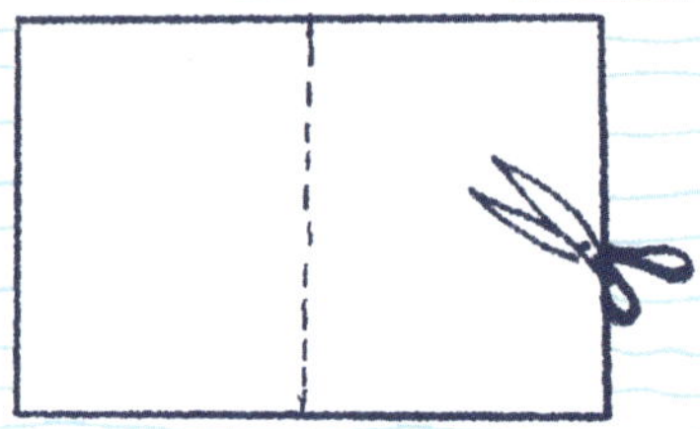

2. Falze die Karten in der Mitte und klappe sie zu. Wenn du magst, kannst du einen Rand einzeichnen und die Ecken rund schneiden.

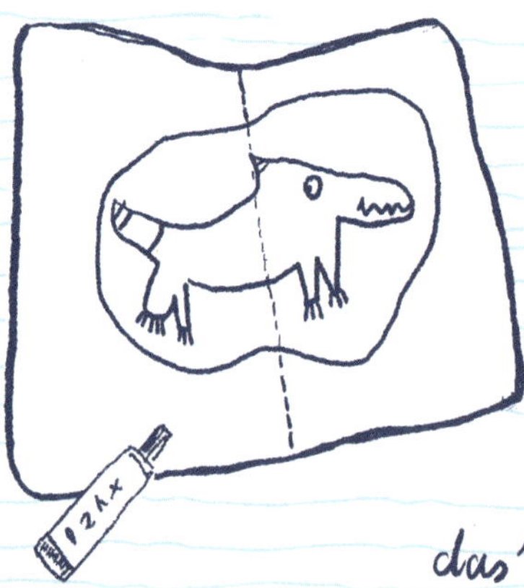

3. Schneide dein Schablonen-Vieh aus, falte es zur Hälfte zusammen, klappe es wieder auf und klebe es mittig in die Karte. Fehlt nur noch der passende Wunsch!

das schaffst du

nur Mut!

heute nise

viel Glück

ZWECKENTFREMDET: MATERIALDRUCK

Hier entdeckst du, womit du alles drucken kannst.

Bei dir zu Hause findest du allerhand Gegenstände und Reste, mit denen du drucken kannst. Gut funktionieren Materialien mit einer leicht elastischen Oberfläche, zum Beispiel ein Radiergummi oder ein Dichtungsring. Aber auch mit starren Materialien lässt es sich stempeln. Als Farbe nimmst du am besten ein Stempelkissen, dann wird der Abdruck schön fein.

Hier siehst du Abdrucke von...

- ... Wattestäbchen. (1)
- ... einer Gummimatte und einer kaputten Wärmflasche, jeweils in kleine Streifen geschnitten und auf eine dicke Pappe geklebt. (2)
- ... einem Stück Schnur, auf ein Holzstück geklebt. (3) + (4)
- ... Hühneraugenpflastern, auf eine dicke Pappe geklebt. (5) + (6)
- ... einem Klebestiftdeckel. (7)
- ... Gumminoppen. (8)
- ... dünnen und breiteren Gummibändern, kreuz und quer um eine Pappe gewickelt. (9) + (10)
- ... einem Gummiband, zerschnitten und auf ein Stück Holz geklebt. (11)

1
2
3
4
5
6
7
8
9
10
11

SCHATZKARTEN

#Du brauchst: Papier, Stempelkissen, Schere, Kleber, Moosgummireste, Schnur, Gummibänder, Pappreste

> Schatzkarten haben es in sich: Sie sind geheimnisvoll, möchten aber entziffert werden*.

> Mit Moosgummi und allerhand Haushaltsdingen (Seite 72–73 + 84–85) kannst du Muster-Stempel gestalten und eigene Schatzkarten drucken.

* Keine Schatzkarte ohne Legende ... Wie sieht deine Legende aus?

Wie aus deinen Schatzkarten ein Schatzbuch wird, siehst du hier.

*Moosgummi
** Wattestäbchen
*** Hühneraugenpflaster
**** Gummiband auf Pappe
***** etwas Gummimatte

schätze

KANNSTE-GUCKEN-SEITE

- Wasserfarben
- Acrylfarben
- Bleistift
- Buntstifte
- Aquarellstifte
- Tinte + Tusche
- Filzstifte
- Drucken
- Digital
- mit Wasser

UNTER WASSER

#Hier siehst du, wie unterschiedlich Motive wirken, je nachdem welche Techniken du nutzt und manchmal auch miteinander kombinierst.

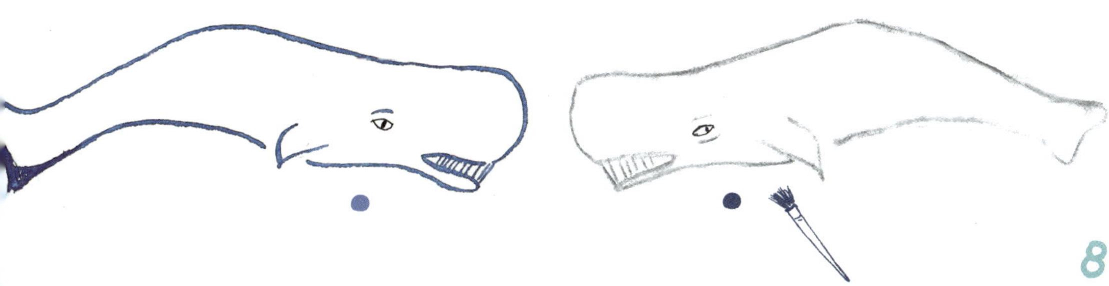

*von Senuli, 7 Jahre

FiLZSTiFTE

DURCH DICK UND DÜNN: FILZSTIFTE

Wassertechnik: erst Filzstift, dann mit feuchtem Pinsel verwischen!

> Filzstifte gibts in vielen Farben und mit verschiedenen Minen, mal dicker, mal dünner. Richtig dünn sind sogenannte **Fineliner**. Manche dicken **Marker** sind vorne **abgeschrägt**, und es gibt Filzer mit pinselähnlichen Minen. Sie heißen **Brushes** und eignen sich super für Flächen, schön geschwungene Linien oder Schrift.

Zum Testen kannst du ...

- ... dicke und dünne Striche kombinieren. (1)
- ... dicke Striche übereinanderlegen und dabei beobachten, wie sich die Farben ändern. (2)
- ... mit dicken Markern Flächen füllen oder schwungvoll schreiben. (3) + (4)
- ... mit Finelinern mächtig stricheln. (5)
- ... bunte Muster entwerfen. (6) - (9)

Außerdem kannst du ...

- ... Filzstiftstriche mit etwas **Wasser** anlösen, ähnlich wie bei Aquarellstiften (Seite 42). (10)

> Nicht alle Filzstifte sind wasserlöslich. Für die **Wassertechnik** gibts extra Filzstifte, aber auch "normale" Filzstifte kannst du mit einem feuchten Pinsel oft verwischen. Probiers auf dickem Papier aus!

+ Experimente +++ Experimente +++ Experimente +++

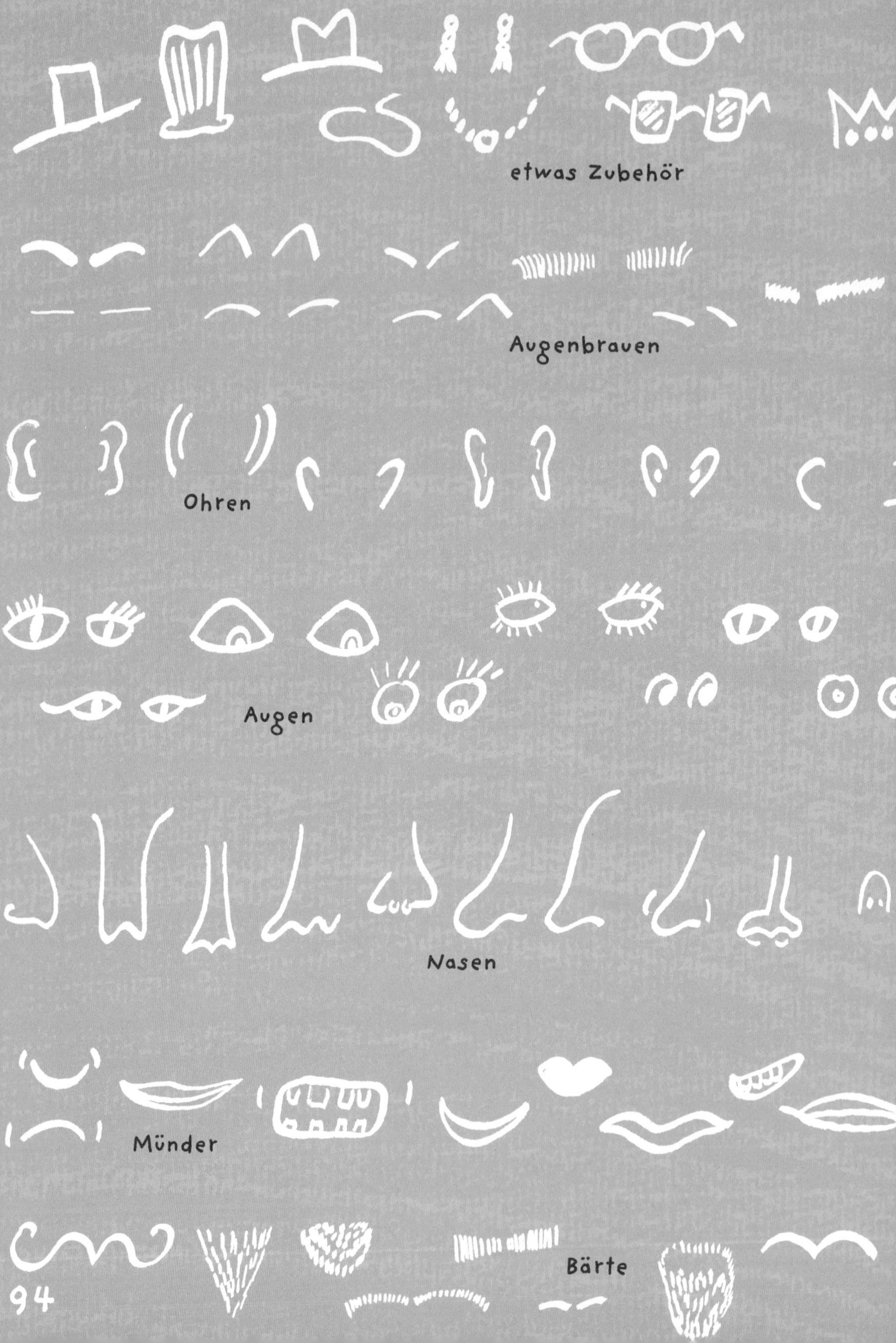
etwas Zubehör
Augenbrauen
Ohren
Augen
Nasen
Münder
Bärte

MUND, NASE, OHREN

Malomat

#Du brauchst: Filzstifte in verschiedenen Breiten und Farben, Papier

> Zeichnest du gerne Gesichter? Ja? Oder bist du eher ein Gesichter-Muffel? Wie auch immer, in beiden Fällen macht es Spaß, sich eine kleine Mund-Nase-Ohren-Bibliothek anzulegen und lustige Gesichter immer neu zusammenzusetzen.

1. Für deine Mund-Nase-Ohren-Bibliothek denkst und zeichnest du in Serie: Wie sehen Nasen aus? Von vorne oder von der Seite? Wie blicken Augen? Welche Form haben sie? Und was verraten dir Augenbrauen?

2. Außerdem: Welche Laune haben Münder? Gibts besonderes Zubehör, Hüte, Schmuck oder Brillen? Wie schaut es mit Ohren aus, wie wachsen Bart und Schnäuzer und wie das Frisürchen?

Super Übung, um einen Haufen Gesichterlaunen zu zeichnen.

> Noch mehr Gesichter gibts ab Seite 102.

AUSFLUG: FiLZER & COLLAGE

#Du brauchst: bunte Papierreste, Filzstift in Schwarz, Schere, Klebestift, evtl. Buntstifte

> Auch mit Papier kannst du malen. Zumindest so ungefähr. Denn wenn du gerissene oder geschnittene Papierstückchen zusammenklebst, enstehen neue Formen und Figuren. Das nennt sich Collage.

> Auf den Collagen kannst du anschließend mit schwarzem Filzstift Details ergänzen. Was immer du für dein Bild brauchst.

1. Schneide und reiße Papierteile für Gesichter zu, samt Nasen, Schnäuzer, Augen, Frisuren und so weiter. Klebe anschließend alle Teile zusammen.

2. Ergänze Details mit schwarzem Filzstift, zum Beispiel Pupillen oder Nasenlöcher. Du kannst auch farbige Buntstifte verwenden, um beispielsweise Wangen zu malen.

per incollare carte,
colla bianca solida

FETZENTIERE

#Du brauchst: Papierreste, Filzstifte, Klebestift

- Schon gemerkt? Auch Fetzentiere brauchen einen Namen. Unbedingt. Und vielleicht auch ein Zuhause?
- Stell dir vor, du hättest bislang unbekannte Tierarten entdeckt und schreibst einen kurzen Steckbrief. Wo leben die Fetzentiere, was fressen sie, wie groß sind sie in echt? Und haben sie natürliche Feinde?

1. Klebe aus Papierresten lustige Fetzentiere zusammen und ergänze Gesichter und Pfoten mit schwarzem Filzstift.

Hier gehts zur bunten Fetzen-Parade.

2. Dann schreibst und gestaltest du einen Fantasiesteckbrief und klebst die Fetzentiere dazu.

*3 Fetzentiere von Sarah und Luca, 8 Jahre

der Ricolo
Wo: Hawai
GRÖßE: 20cm
FUTTER: Wurm
cioccolato
al latte
der Ulú
Wo: Arktis
GRÖßE: 50cm
Futter: Algen

MEERGESCHICHTEN

#Du brauchst: dickes Papier (zum Beispiel Aquarellpapier) oder Tonkarton, wasserlösliche Filzstifte, Klebestift, Schere, Pinsel, Wasserglas

> Diese Klappkarte hat drei Lagen und auf jeder Seite kannst du neue Meergeheimnisse entdecken. Eigentlich ist die Karte schon ein kleines Buch, das Seite für Seite eine Geschichte erzählt.

> Welche Meergeschichte möchtest du zeichnen?

1. Schneide drei Rechtecke zu. Sie haben alle die gleiche Breite, sind aber unterschiedlich hoch. Zeichne mit Filzstiften in unterschiedlichen Blautönen Wellen und feuchte die Zeichnung mit einem Pinsel an.

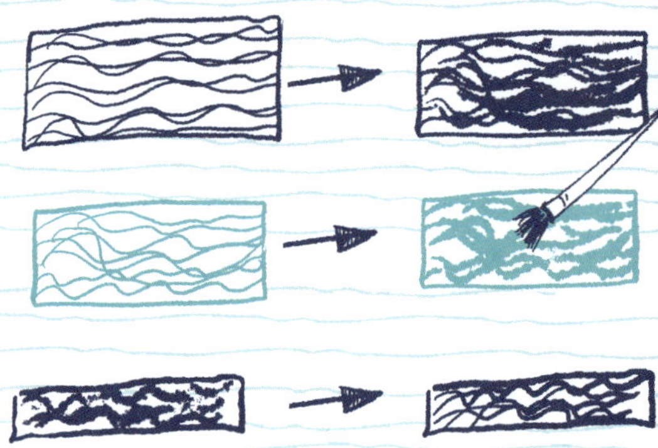

Filzer + Wassertechnik

2. Die Oberkanten kannst du wellig schneiden.

3. Dann falzt du den linken Rand ca. 1 cm breit um, auf jeder Lage. So lassen sich die Seiten nachher besser aufschlagen. Das ist der Kleberand.

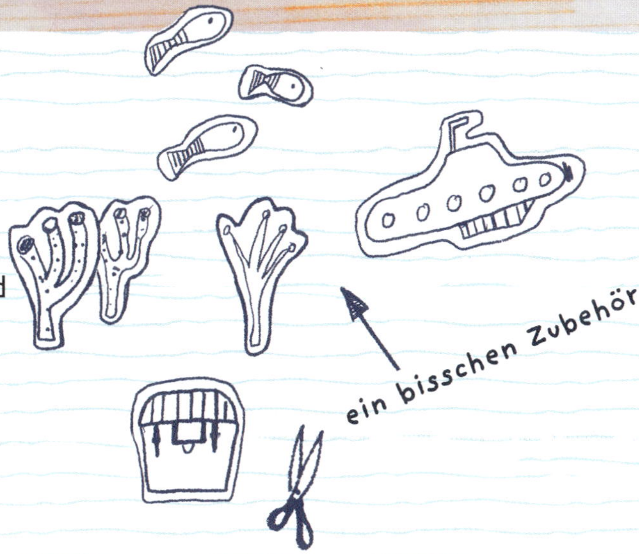

4. Nun zeichnest du alles, was du im Meer verstecken möchtest: Fische, Korallen, Seeanemonen, Schiffe ... Zeichne erst trocken und löse dann die Farbe mit einem feuchten Pinsel etwas an.

5. Schneide die Teile aus und verteile sie auf die drei Lagen. Klebe die Seiten am Rand aufeinander.

Wie du die Meergeschichten aufklappen kannst, siehst du hier.

KANNSTE-GUCKEN-SEITE

- Wasserfarben
- Buntstifte
- Filzstifte
- Digital
- Aquarellstifte
- Drucken
- Bleistift
- Tinte + Tusche

mit Wasser

LAUNEN-STAUNEN

#Hier siehst du, wie unterschiedlich Motive wirken, je nachdem welche Techniken du nutzt und manchmal auch miteinander kombinierst.

Crayola

WACHSMALER + ÖLPASTELLKREIDEN

LEUCHTEND: WACHSMALER & ÖLPASTELLKREIDEN

Wie du Sterne im dunklen All zum Leuchten bringst, siehst du hier.

› **Wachsmaler** und **Ölpastellkreiden** ähneln sich sehr: Ihre Farben **leuchten**, sie **decken** super, haften gut auf Papier. Ihre Farben kannst du übereinander legen, um neue Töne zu erzeugen. Sie sind beide etwas **klebrig**, hinterlassen gerne Krümel und riechen auch ähnlich. Doch haben Ölpastellkreiden in der Regel eine etwas größere Leuchtkraft und sind weicher als Wachsmaler.

Zum Testen kannst du...

- ... dünne und dicke Linien ziehen. (1) + (2)
- ...Wellen- und Zickzacklinien zeichnen. (3)
- ... kringeln. (4)
- ... stricheln. (5)
- ... Linien kreuz und quer legen. (6)
- ... Flächen malen. (7)
- ... die Kreiden mal fester, mal leichter aufdrücken. (8)
- ... Muster rubbeln.* (9)
- ... oder die Zeichnungen mit Wasserfarben ausmalen. Denn Wachsmaler und Ölpastellkreiden weisen Wasser ab, sodass du nicht über den Rand pinselst. Einfach ausprobieren! (10) + (11)

*Mehr zur Frottage-Technik gibts auf Seite 38.

+ Experimente +++ Experimente +++ Experimente +++

Malomat

VON WOLKEN UND MONSTERN

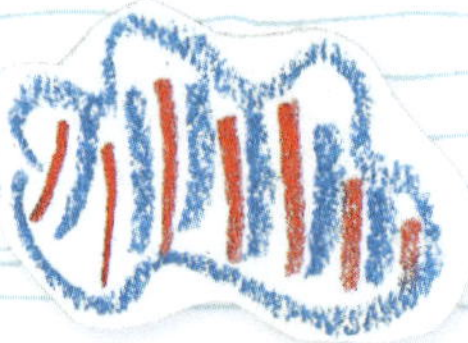

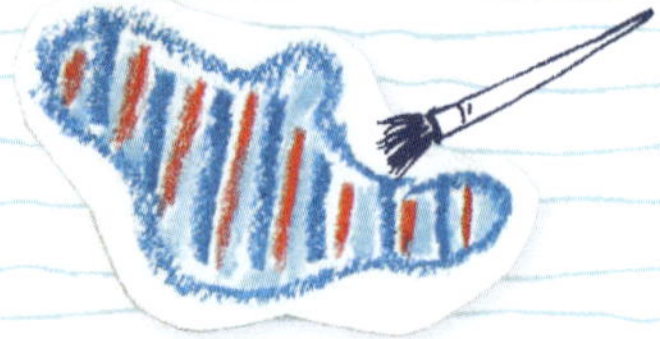

1. Mit Wachsmalern oder Ölpastellkreiden zeichnest du wellige Formen mit Mustern.

2. Die Formen malst du mit Wasserfarben aus.

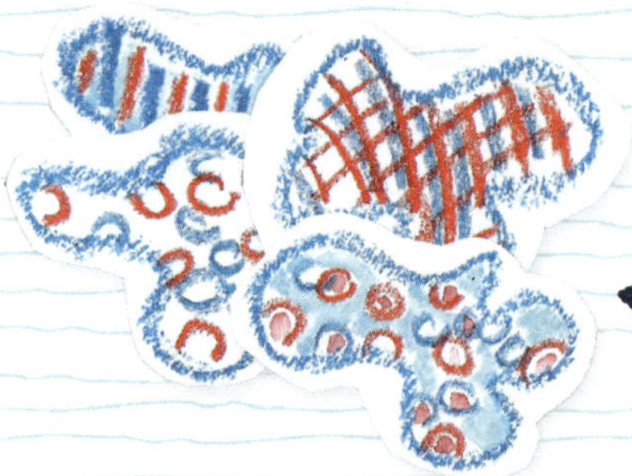

3. Das gibt dann jede Menge Haufenwolken.

4. Und manchmal auch ein **Ufo**. Du brauchst dafür nur noch einen dunklen Buntstift.

5. Je wilder deine Wolken, desto mehr kannst du erkennen: Einen **Fisch**? Ein Schaf? Oder richtig viele **Monster**?

>Was du mit einem Monsterhaufen anstellen kannst, erfährst du auf Seite 110.

IM MONSTERHAUS

#Du brauchst: Wolkenmonster von Seite 108, dickes DIN-A3-Papier, Schere, Klebestift, Schnur, Buntstifte, evtl. Bürolocher

- Stell dir vor, deine Wolkenmonster leben alle zusammen in einem Haus: Was passiert dort?
- Was sagen sie? Haben sie gute oder schlechte Laune? Gestalte dein besonderes Leporellobuch und erzähle Mini-Monstergeschichten.

1. Schneide aus festem Papier zwei Häuserreihen zu. Die Maße siehst du in der Zeichnung.

2. An den gestrichelten Linien falzt du die Häuserreihen. So entstehen deine Klappseiten.

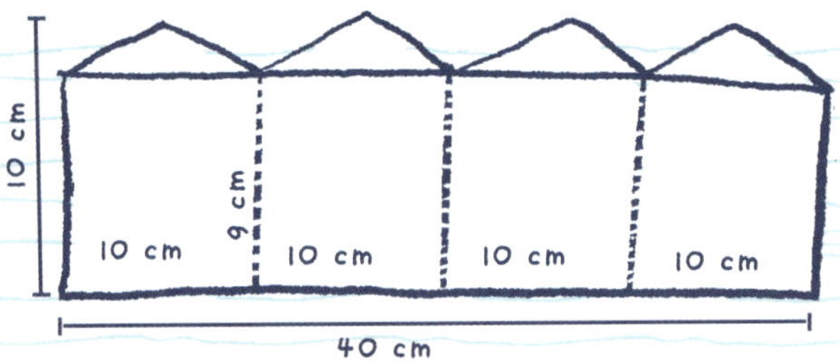

Jedes Buch braucht einen Titel. Wie heißt dein Buch?

Mehr Monster gucken kannst du hier.

DU SCHON WIEDER
?

3. Klebe beide Häuserreihen aneinander. Als Verbindungsstück schneidest du einen passenden schmalen Streifen zu, den du auf die Rückseite klebst.

4. In die Enden bohrst du mit einer Schere jeweils ein Loch. Dafür kannst du auch einen Bürolocher verwenden.

Acht Seiten Monsterplatz!

5. Nun verteilst du deine Monster auf den Seiten. Ergänze Sprechblasen und klebe sie dazu.

Unter eingeklebten Klappen versteckst du geheime Botschaften.

6. Fädel ein Stück Schnur durch die beiden Löcher, um dein Monsterbuch zuzubinden.

RENNAUTOS

#Du brauchst: Wachsmalkreiden, Papier, Radiergummi

- Auch wenn Wachsmaler und Ölpastellkreiden sich nicht radieren lassen, ist auch bei diesen Farben ein Radiergummi eine gute Sache.
- Denn du kannst den Farbauftrag damit verwischen oder Schlieren ziehen. Cool für Bewegungsunschärfe!

1. Erst einmal zeichnest du ein paar Fahrzeuge, zum Beispiel Rennautos. Zeichne erst nur die Umrisse.

2. Dann setzt du in die Fahrzeuge ein paar Striche und verwischst sie mit dem Radiergummi. Das siehst du im Bild unten. Dadurch werden die Farben wolkig-weich.

3. Gleichzeitig kannst du deinen Rennautos Beine machen: Wenn du die hintere Kante mit dem Radiergummi bearbeitest, kannst du Schlieren nach außen ziehen. Diese sehen aus wie Bewegungsunschärfe bei einem fahrenden Auto – obwohl sich dein Fahrzeug nicht vom Fleck bewegt …

AUSFLUG: PASTELLKREIDEN

Ähnlich wie Ölpastellkreiden strahlen auch Pastellkreiden mit ihrer Farbkraft leuchtend um die Wette.

Doch auch wenn beide Kreiden gerne krümeln, gibts einen Riesenunterschied: Ölpastellkreiden fühlen sich klebrig an, Pastellkreiden sind doll staubig.

> Bestimmt hast du schon einmal mit normaler Kreide auf der Straße oder auf einer Tafel gemalt? Pastellkreiden sind ähnlich, aber weicher. Und sie leuchten stark, da sie sehr, sehr viele Pigmente haben. Das sind allerkleinste Teilchen, die für die Farbkraft sorgen.

> Mit Pastellkreiden kannst du klare Striche ziehen – und den Farbauftrag auch wieder verwischen, einfach mit dem Finger. So lose liegt das Farbpulver auf dem Papier. Deswegen werden Pastellkreidenbilder zum Schluss mit einem speziellen Spray fixiert. Dann sind sie weniger empfindlich.

+Experimente+++ Experimente+++ Experimente+++

> Setze Striche in verschiedenen Breiten nebeneinander. Wie musst du die Kreide halten, um dick oder dünn zu zeichnen?

> Setze kleine Flächen in verschiedenen Farben nebeneinander. Welche Kombinationen gefallen dir gut, welche nicht so gut?

> Gestalte schöne Farbverläufe, indem du die Kreiden mit deinem Finger vorsichtig verwischst.

> Teste Papiere in verschiedenen Farben als Untergrund. Siehst du, wie die Pastellkreiden immer mehr zu leuchten beginnen, je dunkler dein Papier ist?

> Nimm dir dickes Papier und vermale die Pastellkreiden mit einem feuchten Pinsel. Was passiert?

#Tipp: Lappen immer in der Nähe halten, um deine staubigen Finger zwischendurch abzuwischen…

STÄDTEBAU

#Du brauchst: schwarzes Papier oder schwarzen Tonkarton, Pastellkreiden, Schere, einen Lappen

> Der schnellste Hochhausbau aller Zeiten: Zeichne mit Pastellkreiden in wenigen Strichen eine ganze Puzzlestadt.

1. Zeichne mit wenigen Strichen bunte Hochhäuser. Du kannst mal senkrechte, mal waagerechte Linien ziehen. Waagerechte Linien sehen direkt wie Stockwerke aus.

2. Welche Form haben deine Skyscraper, wie sehen die Dächer aus? Wo gibts Dachterrassen, Toreinfahrten, Helikopterlandeflächen, Antennen? Ergänze alles, was dir dazu einfällt, mit bunten Kreiden.

3. Zum Schluss ergänzt du die weißen Fenster, schneidest deine Häuser aus und puzzelst dir immer wieder neue Skylines zusammen.

#Tipp: Je zügiger du zeichnest, desto schwungvoller werden deine Hochhäuser!

KANNSTE-GUCKEN-SEITE

#Hier siehst du, wie unterschiedlich Motive wirken, je nachdem welche Techniken du nutzt und manchmal auch miteinander kombinierst.

- Wasserfarben
- Buntstifte
- Filzstifte
- Digital
- Acrylfarben
- Aquarellstifte
- Wachsmaler + Ölpastell
- Bleistift
- Tinte + Tusche
- mit Wasser

WILDE TIERE

DIGITAL ZEICHNEN

DIGITAL ZEICHNEN: DER EINSTIEG

Dieses Kapitel ist etwas technischer als das restliche Buch. Das liegt natürlich am Thema. Aber sobald du die wichtigsten Grundfunktionen ausprobierst, wirst du sehen: Auch beim digitalen Zeichnen kannst du schön experimentieren und spielen.

> Es gibt viele Zeichen-Apps. In diesem Buch haben wir uns für **Procreate*** entschieden, eine Zeichen-App, die auf dem **iPad** läuft. Aber auch wenn dir in der Schule oder zu Hause kein iPad, sondern ein anderes Tablet mit anderen Zeichen-Apps zur Verfügung steht, wirst du viele Infos von hier übertragen können. Denn die meisten Zeichen-Apps sind ähnlich aufgebaut. Zum Zeichnen brauchst du einen **Pencil**, der auf dem iPad funktioniert. Die App lädtst du aus dem App-Store (kostenpflichtig).

*eine Möglichkeit unter vielen

Hier gibts ausführliche Tutorials für das gesamte Digital-Kapitel. Und ein Extra-Tutorial für deinen ersten Trickfilm!

> **Digital zu zeichnen** ist vielleicht erst einmal ungewohnt. Doch rasch wirst du merken, welche Möglichkeiten sich hier tummeln. Das Herzstück ist sicherlich die Pinselbibliothek, in der du unterschiedlichste Striche und Strukturen findest. Dein Werkzeug ist der **Pencil**, der auf unterschiedlich starken Druck reagiert, fast wie ein "echter" Stift.

> Procreate ist eine ziemlich ausgeklügelte Zeichen-App, die von vielen Profis auch beruflich verwendet wird. In diesem Buch lernst du die **allerwichtigsten Grundfunktionen** für deine **allerersten Projekte** kennen.

> Über jedem Arbeitsschritt findest du **in Rot den Weg** zur beschriebenen Funktion. So hast du alles im Blick.

+Experimente+++ Experimente+++ Experimente+++

> Am besten schaust du dir als Erstes die Seiten 126 und 127 an. Dann kannst du mit kleinen Spielereien loslegen. Zum Beispiel verschiedene Pinsel ausprobieren und dabei den Pencil unterschiedlich halten, mal steiler, mal flacher. Verändere auch den Druck und beobachte, was mit dem Strich passiert. So bekommst du ein gutes Gefühl fürs digitale Zeichnen.

Hast du schon deine Lieblingspinsel gefunden? Dann teste diese jetzt in unterschiedlichen Breiten. Probiere auch den Radierer aus. (1) – (3)

> Nimm nun Farben hinzu: Suche dir drei Farben aus, spiele mit unterschiedlichen Pinseln, Pinselbreiten und Transparenzen. Kombiniere Linien und Strukturen. (4) – (6)

1

2

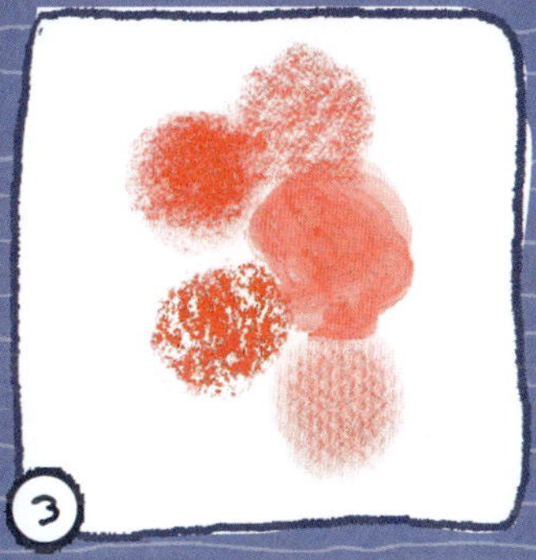
3

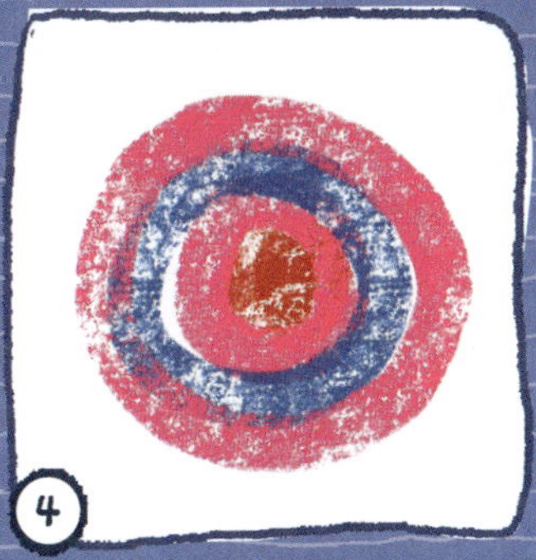
4

5

6

DIGITAL ZEICHNEN: GRUNDFUNKTIONEN

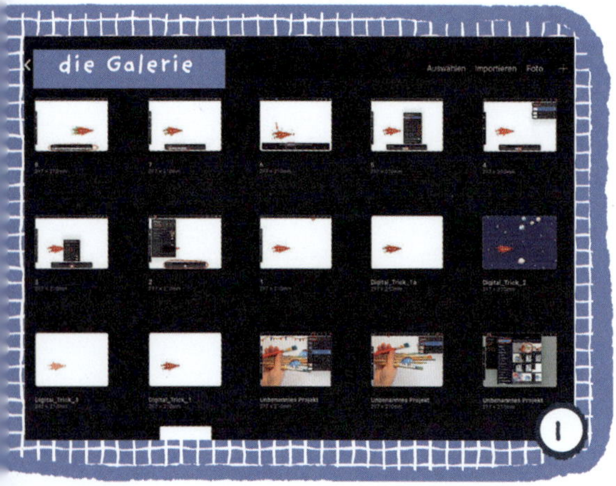

Galerieansicht (1)

• Galerie

Wenn du Procreate öffnest, kommst du als Erstes in die Galerie. Dort sind deine Projekte abgespeichert. Die Galerie ist also deine Projekt-Sammelstelle. Hier kannst du deine Dateien benennen und sortieren.

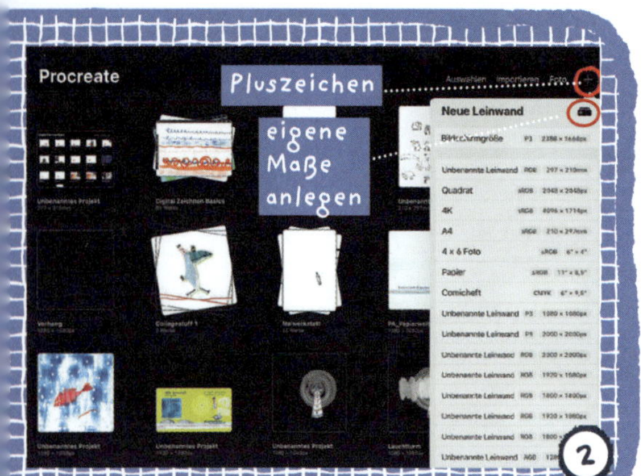

Leinwand erstellen (2)

> Galerie > Pluszeichen
> Ordner mit Pluszeichen

Um ein Projekt zu beginnen, erstellst du eine Leinwand. Die Leinwand ist dein digitales Blatt Papier. Dafür klickst du auf das Pluszeichen oben rechts. Wenn du möchtest, kannst du eines der dort vorgeschlagenen Maße auswählen. Für eigene Maße klickst du auf den Ordner mit Pluszeichen.

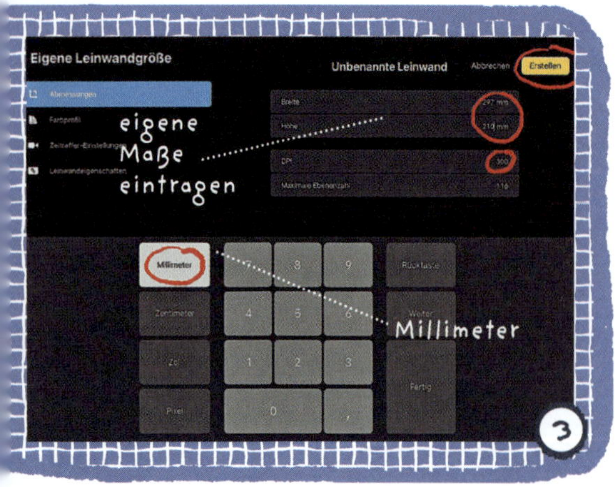

Leinwand einrichten (3)

> Galerie > Pluszeichen
> Ordner mit Pluszeichen > Maße eingeben > Erstellen

Hier kannst du deine eigenen Maße eingeben – zum Beispiel 297 mm breit und 210 mm hoch. Das ist ein DiN A4 im Querformat. Alles eingetragen? Dann klickst du auf Erstellen. Vor dir öffnet sich die neue Leinwand.

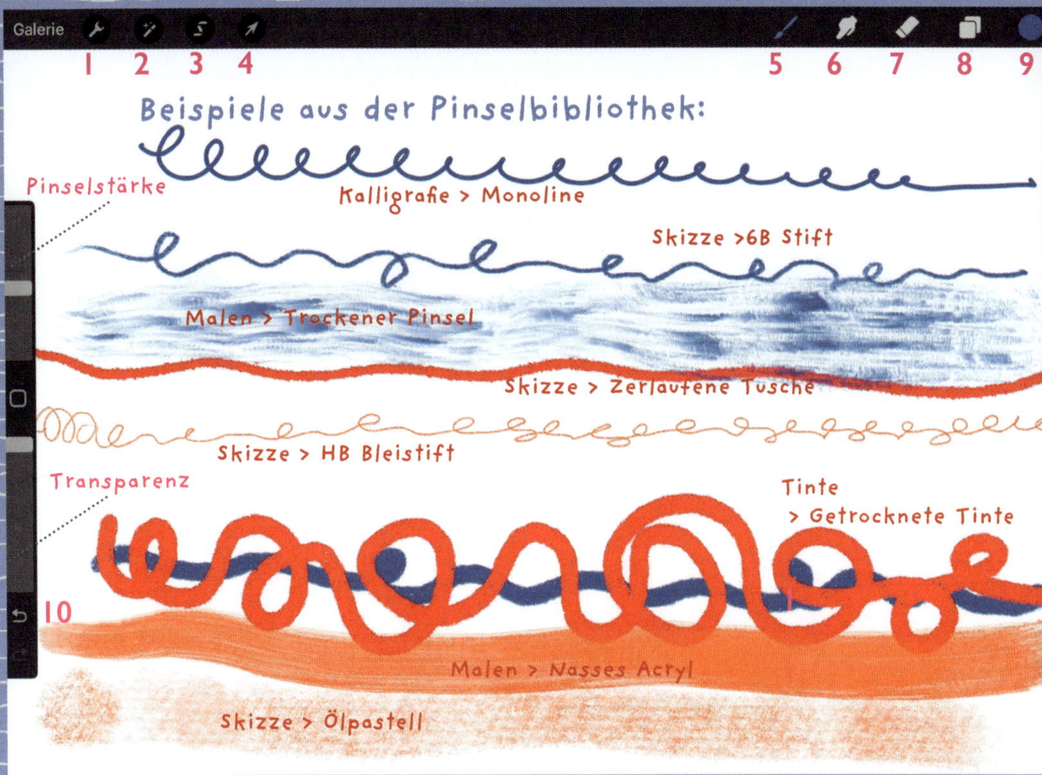

Bevor es richtig richtig losgeht, gibts hier ein paar Erklärungen. Die wichtigsten Funktionen lernst du dann Schritt für Schritt auf den folgenden Seiten näher kennen.

1. Schraubenschlüssel: Hier verbergen sich verschiedene Aktionen wie zum Beispiel Teilen oder Hinzufügen.

2. Anpassungen: Allerhand Spezialfunktionen, die du zum Einstieg erst einmal nicht brauchst.

3. Auswählen: Hiermit markierst du Motivteile, um sie zu bearbeiten.

4. Transformieren: Du kannst zum Beispiel dein Motiv vergrößern oder verkleinern.

5. Pinselbibliothek: Dein Schatz, denn du findest hier viele Pinselarten und Strukturen, Beispiele siehst du oben im Bild. Für die Pinsel kannst du mit den Reglern ganz links zusätzlich Pinselstärke und Transparenz einstellen.

6. Wischfinger: Zum Verblenden.

7. Radiergummi: Damit radierst du alles, was dich stört, wieder weg.

8. Ebenen: Beispielsweise für Vorder- und Hintergründe.

9. Farbe: Auch eine Schatzkammer, hier wählst du deine Farbe aus. Zum Beispiel über den Farbkreis.

10. Rückgängigpfeil: Wenn mal etwas schiefgegangen ist.

DIGITAL ZEICHNEN: EINE FIGUR GESTALTEN

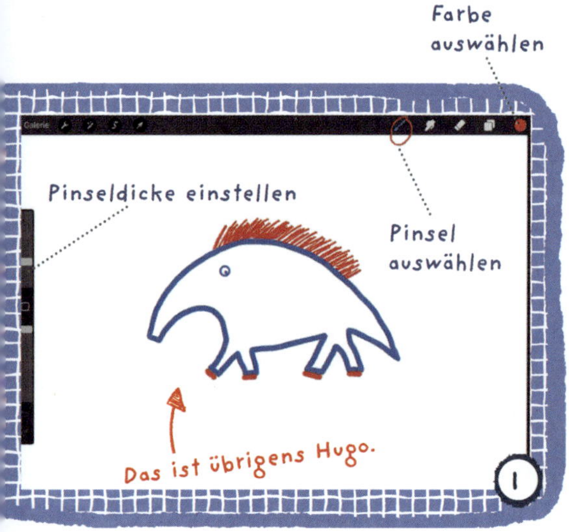

Motiv mit Umriss zeichnen (1)

• Pinsel > Kalligrafie > Monoline
• Farben

Über das Pinselwerkzeug wählst du den Pinsel Monoline (unter Kalligrafie) und zeichnest die Kontur von deiner Figur. Sie sollte aus einer einfachen, geschlossenen Hauptform bestehen. Probiere verschiedene Pinselstärken aus.

Motiv mit Farbe füllen (2)

> Farbe > Colordrop

Um deine Figur mit Farbe zu füllen, gehst du mit dem Pencil auf den Farbkreis rechts oben und ziehst die eingestellte Farbe in die Figur: diese füllt sich wie von Zauberhand. Der Trick heißt Colordrop.

Motiv umfärben (3)

> Farbe > Colordrop

Andere Farbe gefällig? Dann kannst du im Farbkreis die Farbe ändern und das Ganze wiederholen: Du ziehst mit dem Pencil die Farbe in die Figur. Und schwups – Hugo ist nun ganz grün.

Pinsel testen (4)

• Pinsel > Skizze > 6B Stift
• Farben

Das Tolle beim digitalen Zeichnen sind die unterschiedlichen Pinselspitzen. Teste dich einfach mal durch. Hugo ist hier mit dem 6B Stift gezeichnet, du findest ihn unter den Pinseln für Skizze. Siehst du, wie anders die Figur wirkt als mit dem Monoline-Pinsel? Fast wie auf echtem Papier…

Figuren ausmalen (5)

• Pinsel > Skizze > 6B Stift
• Farben

Wenn du Pinsel mit einem leicht brüchigen Strich verwendest, funktioniert der Colordrop-Trick nicht, da es in der Umrisslinie immer kleine Lücken gibt. Aber dann kannst du die Figur einfach ausmalen. Wie auf Papier.

Kreise & Linien korrigieren (6)

• Pinsel

Noch ein Trick: Wenn du einen Kreis zeichnest und er ist dir zu eierig, dann lass den Pencil am Ende einen Moment länger stehen – die Linie glättet sich von selbst. Das funktioniert auch bei Geraden und Rechtecken.

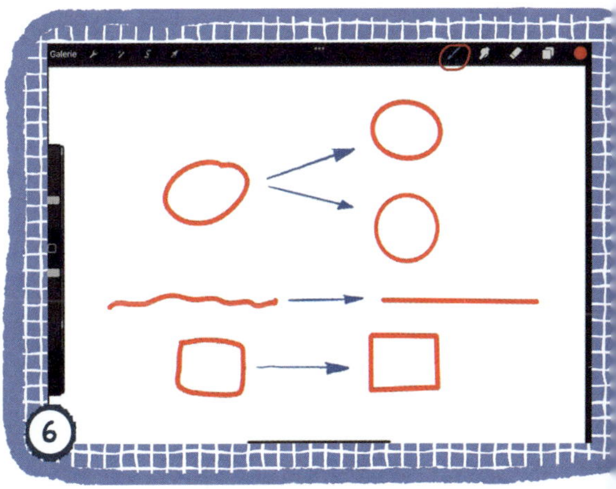

DIGITAL ZEICHNEN
EINE FIGUR VERÄNDERN

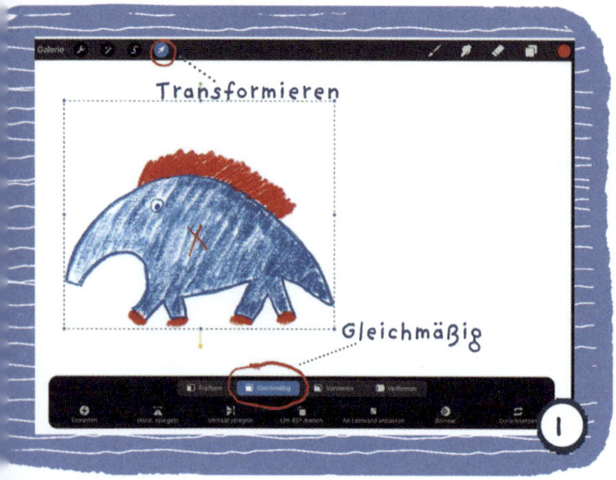

Motiv verschieben (1)

> Transformieren > Gleichmäßig

Du kannst deine Figuren nachträglich verschieben, hoch runter, kreuz und quer: Gehe oben auf Transformieren (Pfeil) und unten auf Gleichmäßig. Es erscheint ein gestrichelter Rahmen. Greife dir die Figur mit dem Pencil (rotes Kreuz) und verschiebe sie.

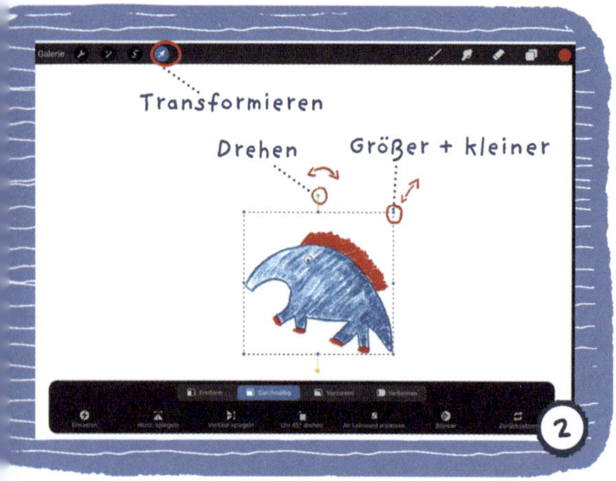

Motiv verkleinern und drehen (2)

> Transformieren > Gleichmäßig

Um ein Motiv gleichmäßig zu vergrößern oder zu verkleinern, gehst du mit dem Pencil an einen der Eckpunkte und ziehst in die gewünschte Richtung. Um die Figur zu drehen, bewegst du den grünen Punkt.

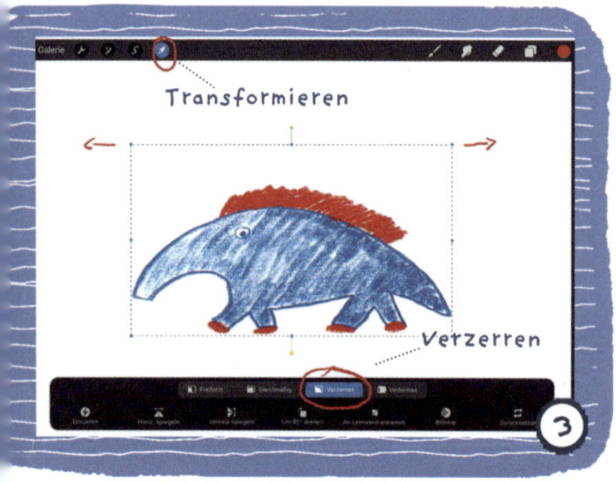

Motiv verzerren (3)

> Transformieren > Verzerren

Du kannst auch die Proportionen verzerren und damit Figuren stark verändern. Gehe oben auf Transformieren (Pfeil) und unten auf Verzerren. Ziehe dann an den Eckpunkten des Rahmens, – die Figur wird verzerrt. Und so bekommt Hugo plötzlich einen extralangen Rücken. Zum Beispiel.

Motiv spiegeln (4)

> Transformieren > Gleichmäßig > Horizontal spiegeln

Um deine Figur zu spiegeln, gehst du auf **Transformieren**, unten auf **Gleichmäßig** und dann auf **Horizontal spiegeln.** Jetzt geht Hugo statt von rechts nach links plötzlich von links nach rechts.

Motivteile bearbeiten (5)

> Auswählen > Freihand

Um nur **Teile** deines Motivs zu bearbeiten, wählst du **Auswählen** und unten **Freihand**. Dann kannst du mit dem Pencil den gewünschten Bereich einkreisen und **bearbeiten**, zum Beispiel verschieben.

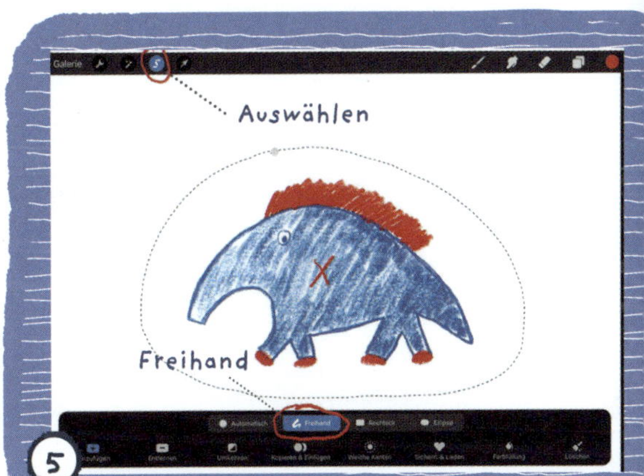

Motiv exportieren (6)

> Schraubenschlüssel > Teilen > Dateiformat wählen

Um dein Werk aus Procreate zu **exportieren**, gehst du auf den **Schraubenschlüssel**, wählst **Teilen** und dann ein **Dateiformat**. Praktisch sind **JPEGs** oder **PNGs**. Diese Dateien kannst du gut teilen oder verschicken. Im folgenden Fenster **speicherst** du dein Werk auf dem iPad.

DIGITAL ZEICHNEN: IN EBENEN DENKEN

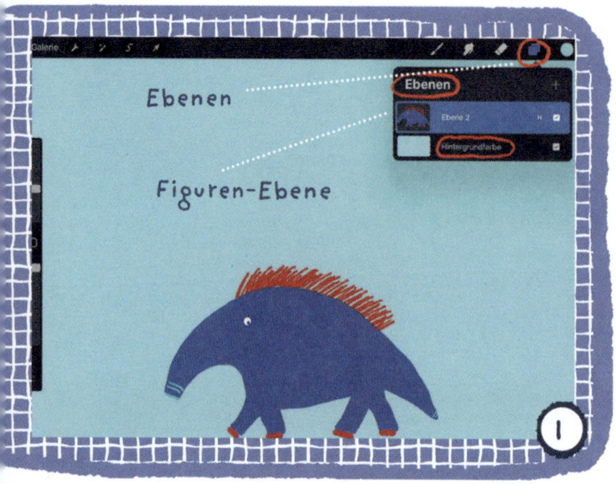

Hintergrundfarbe (1)

> Ebenen > Hintergrundfarbe > Farbe

Beim digitalen Zeichnen ist es praktisch, in Ebenen zu denken. Auf jede Ebene zeichnest du einen Teil des Gesamtmotivs. So kannst du jede Ebene einzeln bearbeiten, zum Beispiel radieren, ohne den Rest zu "verletzen". Gehe auf Ebenen, dann auf Hintergrundfarbe und wähle erst einmal einen Farbton aus.

Ebenen hinzufügen (2)

> Ebenen > Pluszeichen

Nun kannst du einen extra Hintergrund für deine Figur auf eine neue Ebene zeichnen: Dafür Ebenen auswählen und das Pluszeichen anklicken. Oberhalb deiner Figur-Ebene erscheint eine neue, leere Ebene, die du mit dem Pencil nach unten ziehen kannst. Damit zeichnest du nun hinter der Figur, zum Beispiel Pflanzen und so weiter.

Vordergrund anlegen (3)

> Ebenen > Pluszeichen

Auf die gleiche Weise legst du einen Vordergrund an. Du gehst auf die Figuren-Ebene und klickst das Pluszeichen an: Auf die neue, leere Ebene zeichnest du einen Vordergrund, zum Beispiel noch mehr Pflanzen. Durch die verschiedenen Ebenen wird dein Werk schön räumlich und Hugo steht im Blätterwald.

*Fertig? Dann kannst du Ebenen verschmelzen, indem du sie mit Daumen und Zeigefinger zusammenschnippst.

Clipping-Maske (4)

> Ebenen > Pluszeichen > neue Ebene >Clipping-Maske

Du kannst deiner Figur etwas Struktur geben und sie damit lebendiger werden lassen. Dafür legst du eine neue Ebene oberhalb der Figur an. Dann tippst du mit dem Stift kurz auf die neue Ebene und wählst Clipping-Maske aus. Als Symbol erscheint ein rechtwinkliger Pfeil.

Ausmalen, ohne über die Ränder zu malen (5)

> Ebenen > Pluszeichen
> neue Ebene > Clipping-Maske

Auf dieser Masken-Ebene kannst dwu der Figur eine lebendige Struktur geben, beispielsweise mit halbtransparentem 6B Stift. Du wirst sehen: Dank der Clipping-Maske kannst du nun nicht mehr über die Figurenrander hinausmalen.*

Ebene duplizieren (6)

> Ebenen > Duplizieren

Gehe auf die Figuren-Ebene und wische mit dem Pencil kurz nach links. Nun kannst du die Ebene duplizieren. Aus einem Hugo werden zwei Hugos. Und auf der neuen Ebene kannst du alles machen, was du bereits kennst: verschieben, verkleinern, vergrößern, drehen ...

DIGITAL ZEICHNEN: MIT FOTOS SPIELEN

Mixed-Media-Werke (1)

Für Mixed Media verbindest du verschiedene Techniken, zum Beispiel Fotos und digitale Zeichnungen. Hier dient wieder eine Figur als Startpunkt. Diese kannst du in deinem Foto später so platzieren, als gehörte sie zum Foto, obwohl klar ist, dass sich hier zwei unterschiedliche Welten verbinden.

Vorschlag: Fotografiere deine ausgestreckte Hand oder deine Hand mit ein paar Pinseln vor einer hellen Wand – am besten direkt mit dem iPad.

Foto einfügen (2)

> Schraubenschlüssel > Hinzufügen > Foto einfügen > Fotos

Um das Foto einzufügen, gehst du auf den Schraubschlüssel, wählst Hinzufügen, Foto einfügen. Du landest in der Fotogalerie und klickst dort dein Foto an. Es wird automatisch auf einer neuen Ebene importiert und du ziehst es auf die richtige Größe.

Figur positionieren (3)

• Ebenen sortieren > Transformieren

Nun sortierst du die Ebenen, das Foto soll zum Hintergrund werden, muss also unter die Figuren-Ebenen gezogen werden. Dann schiebst du deine Figur an ihren neuen Platz. Das kannst du ja schon!

Zeichnungen ergänzen (4)

> Ebene > Pluszeichen > neue Ebene

Sitzt alles? Dann kannst du dein Werk auf einer neuen Ebene mit Zeichnungen ergänzen: Konfetti, Girlanden, was immer du möchtest! Und du kannst natürlich auch deine Figur duplizieren und spiegeln, auch das kennst du alles bereits.

Viel Vergnügen beim Probieren!

AUSFLUG: TRICKFILM-STUDIO

Vielleicht hast du inzwischen schon einige Trickfilme der Malwerkstatt geschaut. Das macht Spaß, aber es geht noch besser: Denn mit Procreate kannst du eigene Mini-Trickfilme animieren!*

> Bei deiner ersten Animation fliegt deine Rakete einmal von links nach rechts. Die Rakete selbst verändert sich dabei nicht.

*Trickfilme heißen auch Animationen.

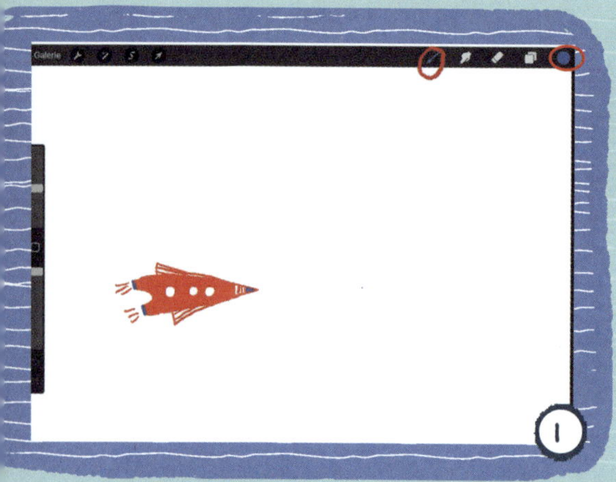

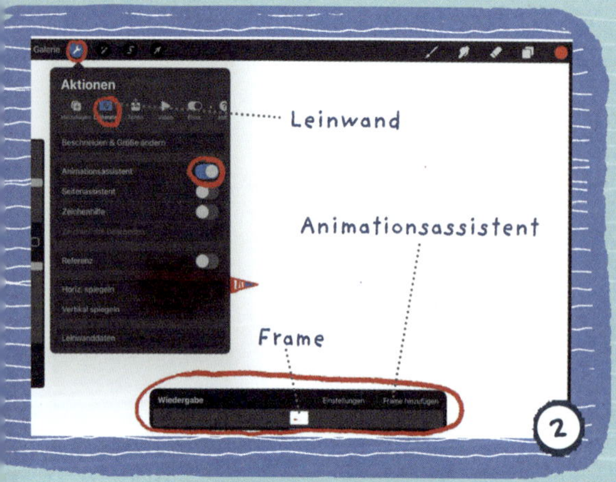

> Zuerst etwas Trickfilm-Theorie: Jeder Trickfilm besteht aus vielen Einzelbildern, die schnell hintereinander abgespielt werden. Dadurch entsteht der Eindruck von Bewegung. Das funktioniert wie bei einem Daumenkino.

> Die Einzelbilder heißen Frames. Je nachdem, wie viele Frames pro Sekunde abgespielt werden, wird die Animation langsamer oder schneller. Der Name dafür ist Framerate.

> Zur Orientierung gibt es die transparente Zwiebelschicht (Onion Skin). Damit siehst du, wo die Motive auf den Frames vorher und nachher stehen.

Rakete zeichnen (1)

• Pinsel • Farben

Als Erstes zeichnest du eine einfache Rakete und platzierst sie im linken Bereich deiner Leinwand. Dabei liegen alle Raketenteile auf einer Ebene.

Animationsassistent (2)

> Schraubenschlüssel > Leinwand > Animationsassistent

Du schaltest nun den Animationsassistenten ein. Unten erscheint ein Balken, in dem alle Einzelbilder (Frames) deiner Animation zu sehen sind. Bis jetzt hast du nur ein Bild, deswegen siehst du nur einen Frame.

>Jetzt wirst du zum echten Digital-Profi! Aber alles halb so wild: Wenn du die Schritte einmal probiert hast, durchschaust du rasch das Daumenkino-Prinzip.

Ersten Frame duplizieren (3)

> Animationsassistent > Frame anklicken > Frame-Optionen > Duplizieren

Für deinen Film brauchst du viele Einzelbilder. Da deine Rakete sich nicht verändert, kannst du diese einfach duplizieren. Dafür klickst du den ersten Frame an und wählst Duplizieren.

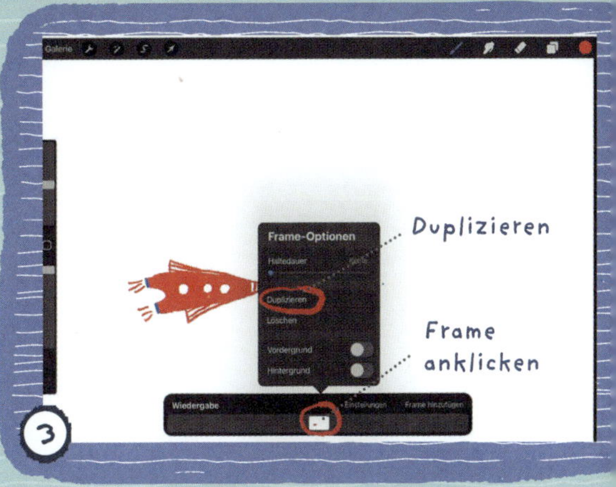

Dein zweiter Frame (4)

• Animationsassistent • Ebenen

Nun siehst du im Animationsassistenten deinen zweiten Frame. Du siehst ihn übrigens auch, wenn du das Ebenenmenü aufklappst. Auf deiner Leinwand siehst du noch nichts, da du den ersten Frame 1:1 duplizierst hast. Damit liegen beide Bilder erst einmal genau übereinander.

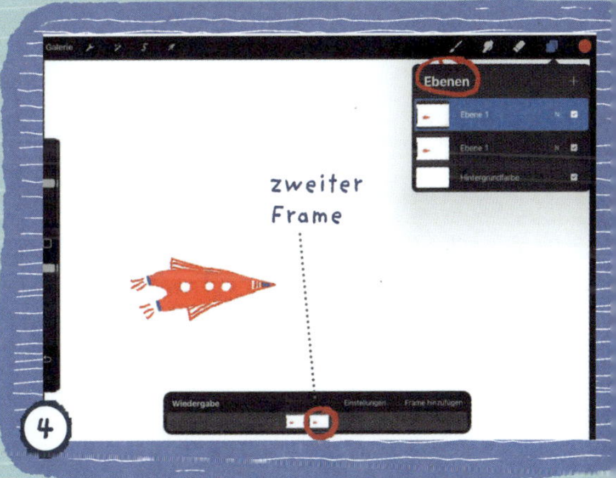

Wichtige Einstellungen (5)

> Animationsassistent > Einstellungen

Jetzt stellst du Folgendes ein:

- Unendlich (Deine Animation wird immer wieder abgespielt.)
- Bilder pro Sekunde: 6
- Zwiebelschichten-Frames: 1 (Bilderzahl, die du vor und nach dem aktuellen Frame siehst.)
- Zwiebelschicht-Deckkraft: 60 %

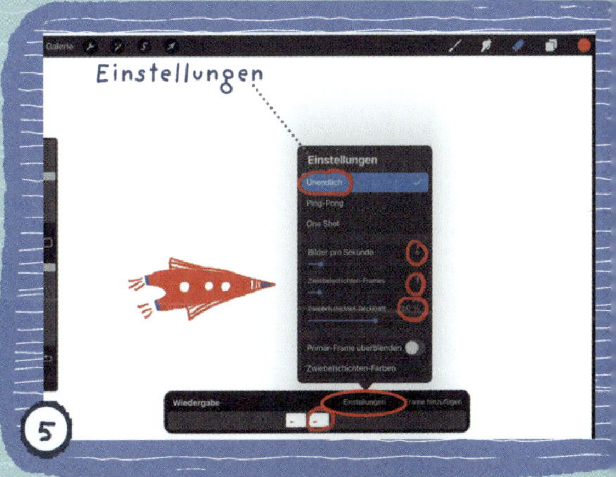

AUSFLUG: TRICKFILM-STUDIO

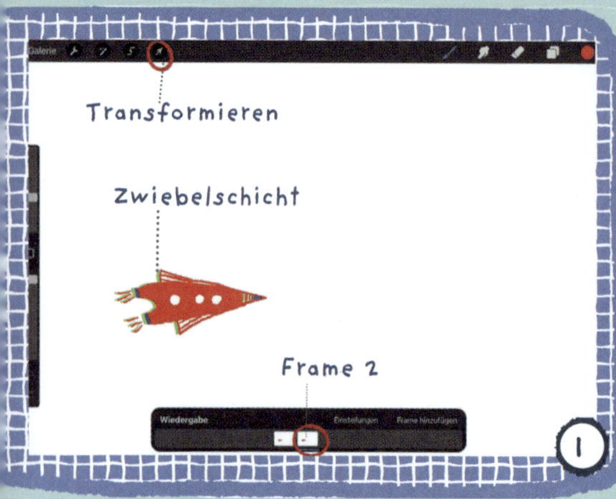

Rakete verschieben (1)

Frame 2 > Auswählen > Verschieben

Achte darauf, dass du dich auf dem zweiten Frame befindest (aktiver Frame = blau unterstrichen). Du wählst die Rakete über Transformieren aus (Seite 130) und verschiebst sie etwas nach rechts: Es erscheint die Zwiebelschicht als schmaler Rand (hier in Grün). Sie zeigt dir die Raketenposition auf dem Frame davor.

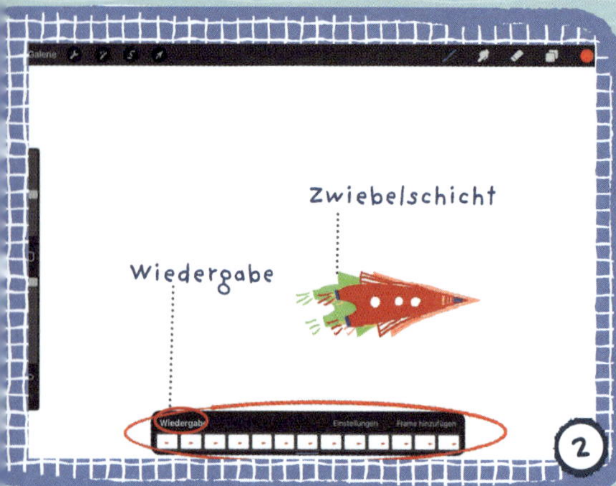

Rakete fliegen lassen (2)

> Duplizieren > Verschieben usw.
• Wiedergabe

All das wiederholst du mehrfach, Frame für Frame. So lange, bis deine Rakete aus der Leinwand fliegt: duplizieren, verschieben, duplizieren, verschieben usw. Je kleiner der Raketen-Abstand zwischen den Frames, desto langsamer fliegt sie. Und umgekehrt. Zwischendurch kannst du deinen Raketenflug über Wiedergabe immer wieder abspielen.

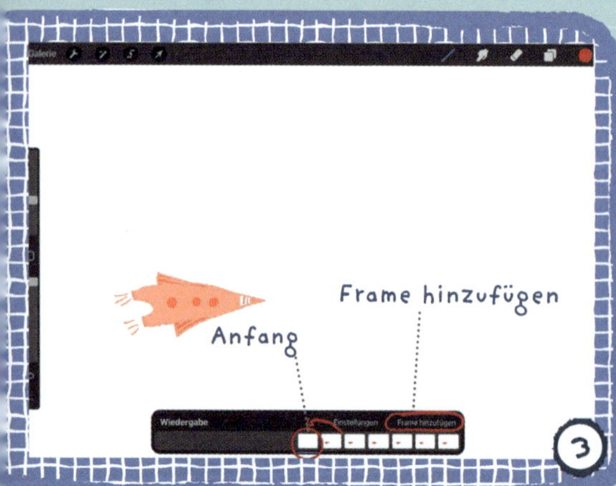

Hintergrund ergänzen (3)

> Animationsassistent > auf Frame 1
> Frame hinzufügen > neuen Frame an Anfang ziehen

Du kannst deine Rakete auch durchs All fliegen lassen. Dafür brauchst du einen Weltraum-Hintergrund: Du gehst auf den ersten Frame und klickst Frame hinzufügen an. Es erscheint ein leerer Frame. Den ziehst du mit dem Pencil an den Anfang des Animationsassistenten.

Hintergrund fixieren (4)

> Animationsassistent > leerer Frame > Frame-Optionen > Hintergrund

Auf den ersten leeren Frame zeichnest du dein Weltall. Nun soll der Weltraum-Hintergrund in allen Frames auftauchen: Dafür klickst du den Weltall-Frame an und fixierst den Hintergrund bei den Frame-Optionen, indem du den Schalter nach rechts schiebst.

Exportieren (5)

> Schraubenschlüssel > Teilen > animierte MP4 / animierte GIF

Zufrieden mit deinem Raketenflug? Dann kannst du die Animation exportieren: Dafür klickst du auf den Schraubenschlüssel, wählst Teilen und dann als Dateiformat Animierte MP4 oder Animierte GIF.

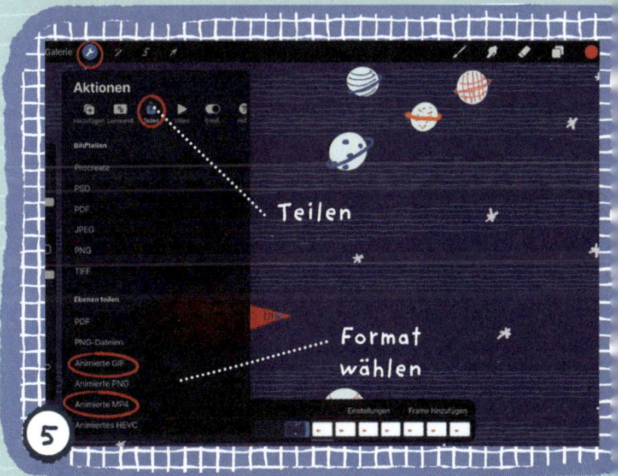

PS: Deine exportierte Datei erscheint nicht mehr automatisch in Dauerschleife. Da kann der Raketenflug recht kurz aussehen. Deswegen: Je mehr Bilder du beim Animieren duplizierst, desto länger fliegt deine Rakete!

Exportieren + Speichern (6)

> Exportieren > Speichern

Wenn dieses Bild erscheint, wählst du Maximale Auflösung und exportierst. Dann kannst du die Animation auf deinem iPad speichern.

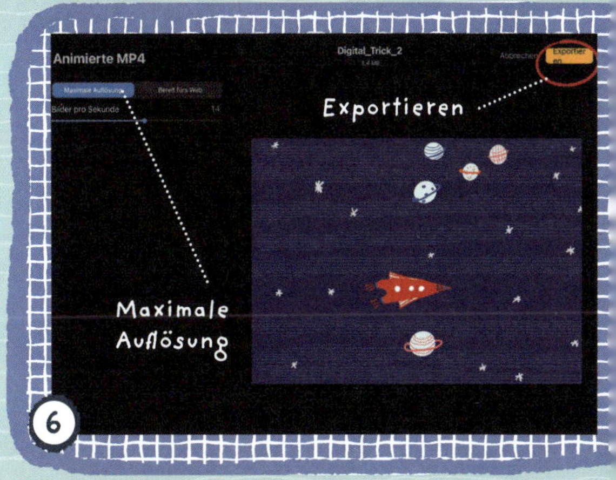

KANNSTE-GUCKEN-SEITE

#Hier siehst du, wie unterschiedlich Motive wirken, je nachdem welche Techniken du nutzt und manchmal auch miteinander kombinierst.

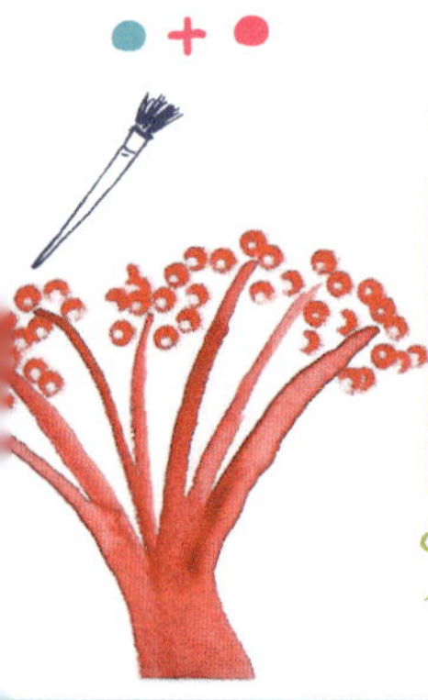

- Wasserfarben
- Acrylfarben
- Bleistift
- Buntstifte
- Aquarellstifte
- Tinte + Tusche
- Digital
- Drucken
- Wachsmaler + Ölpastell
- mit Wasser

DRAUSSEN UNTERWEGS

DANKE!

An jeder Buchproduktion sind viele Menschen beteiligt – herzlichen Dank an alle, die dabei waren.
Außerdem danke ich allen Kindern, mit denen ich Projekte gestaltet habe. Ohne euch und die Bürgerstiftung Berlin hätte es diese Buchidee nie gegeben.

Vor allem danke ich Senuli, Ben, Kacey, Tyran, Amy, Sarah, Luca, Emily und Beizah, die an diesem Buch mitgearbeitet haben. Großen Dank auch an Rassini und Roshan Panambarage sowie Petra Hoffmann für die Fototage-Unterstützung.

Herzlichen Dank an Susanne Nöllgen für ihre wertvolle Mithilfe im entscheidenden Moment. Außerdem danke ich Heidi Müller und dem Haupt Verlag für die jahrelange vertrauensvolle Zusammenarbeit. Ebenso danke ich Michaela Müller, Kristina Schaper und Tabea Heinicker für unsere Montags-Kolleginnen-Runde, die leichtfüßig hilft, den roten Faden nicht zu verlieren.

Und zum Schluss: Mein Herzensdank geht an Patrick für seine gelassene Nonchalance in altbekannten Büchertunnel-Zeiten.
Und Danke an meine Eltern. Aus ganzem Herzen, sowieso.
Hier – und jenseits aller Sterne.

DIE AUTORIN

Seriös: #Claudia Huboi #Autorin, Redakteurin, Gestalterin, Illustratorin #Redaktionsbüro kreisrund #vor allem: Sachbuch, Schulbuch, Bildungsmaterialien für Kinder #speziell: Kreatives Gestalten, Umweltbildung, Sachunterricht, Sprachförderung #schon mehrere Bücher im Haupt Verlag #außerdem: Online-Kurse für Papier-Animationen

Und sonst so? #zwischen Köln & Lario #Papier, Papier, Papier #Gemüse ziehen #Hauptsache klein #Saatgut sammeln #Geschichten überall #am liebsten draußen #kein Tag ohne Wackelhuhn #großes Kino Mini-Bücher #und so weiter...

Mehr: www.kreisrund-redaktion.de + @kreisrund.wb (Instagram)

AUF EINEN BLICK: ALLE TRICKFILME

Hier gehts zu den Trickfilmen.

Digital-Kapitel auch als Video-Tutorial.

Impressum

1. Auflage: 2024
ISBN 978-3-258-60280-6

Texte, Illustrationen,
Fotografie, Gestaltung,
Umschlag, Animationen:
Claudia Huboi, D-Köln
www.kreisrund-redaktion.de
Illustrationen Kannste-Gucken-Seiten:
Claudia Huboi, D-Köln
Susanne Nöllgen, D-Berlin

Wir drucken mit mineralölfreien Farben und verwenden FSC®-zertifiziertes Papier. FSC® sichert die Nutzung der Wälder gemäß sozialen, ökonomischen und ökologischen Kriterien.

Gedruckt in der Tschechischen Republik

MIX
Papier | Fördert gute Waldnutzung
FSC® C014138

Diese Publikation ist in der Deutschen Nationalbibliografie verzeichnet.
Mehr Informationen dazu findest du unter http://dnb.dnb.de.

Der Haupt Verlag wird vom Bundesamt für Kultur
für die Jahre 2021–2024 unterstützt.

© Shutterstock, Huza Studio

Du möchtest nichts mehr verpassen?

Folge uns auf unseren Social-Media-Kanälen und bleibe via Newsletter auf dem neuesten Stand.

www.haupt.ch/informiert

Wir verlegen unsere Bücher mit Freude und großem Engagement. Daher freuen wir uns immer über Anregungen zum Programm und schätzen Hinweise auf Fehler im Buch, sollten uns welche unterlaufen sein.

www.haupt.ch